読書のちから

若松英輔

亜紀書房

読書のちから

若松英輔

目次

感情の言葉 7
情愛の泉 12
余白の言葉 17
悲愛の人 21
遅れて届いた手紙 27
沈黙のちから 32
聖なる場所 38
コトバを運ぶ人 42
霧の人 49
弱き勇者たちの軌跡 54
いのちを生きる 60
真理のありか 65

たましいの糧　70
読めない本と時の神　74
無常の奥に潜むもの　79
読書の効用　84
良知のひかり　92
十読は一写に如《し》かず　100
内なる世界への道標《みちしるべ》　108
たましいの反抗　114
たましいのちから　122
色読という次元　129
苦しみの彼方　134
未完の代表作　139

わたしの古典――あとがきに代えて　146

さて、イエスがカファルナウムにお入りになると、百人隊長が近づいてきて、イエスに懇願した。「主よ、わたしの僕《しもべ》が中風《ちゅうぶ》でひどく苦しみ、家で寝込んでいます」。イエスが、「わたしが行って癒やしてあげよう」と仰せになると、百人隊長は答えて言った、「主よ、わたしはあなたをわたしの屋根の下にお迎えできるような者ではありません。ただ、お言葉をください。そうすれば、わたしの僕は癒やされます。……」

「マタイによる福音書」
8・5-8
『新約聖書』
フランシスコ会聖書研究所訳注

感情の言葉

どんな苦しみであれ、それは危機となって私たちの前に顕《あら》われる。だが問題は、人が苦しみを心身の苦痛と感じるだけで、存在の危機であると認識できないところにある。危機であることが分かれば、支えになるものを真剣に探す。近くにいてくれる人との関係のなかに、これまでの自分の経験に、そして自らのこころのなかに潜んでいるものにすら何かの可能性を探るだろう。だが、苦しみをいずれ過ぎ行く現象としか考えられないとき、私たちは苦しみがもたらす恵みを受けとり損《そこ》ねる。

苦しみの構造はいつも、複雑にからみ合っていて本質をとらえにくい。真実の原因は隠れていることが多い。何かが無くて、あるいは何かを見失って苦しむことは少なくない。そして人は、何かを愛するがゆえに苦しむこともある。

現代人はしばしば、苦しみを自分のもっている情報や知識の力で打ち破ろうとする。あるいは情報や知識はそれを実現できると信じている。

もちろん、情報や知識は、無いよりはあった方がよい場合も少なくない。しかし、それらを支えているものが何であるかが分からないとき、どんなに多量な知も、十分にその役割を果たすことができない。そして、直面しているのが、存在の危機である場合、「あたま」に入れただけの情報や知識はまったく役に立たない。

どんなに言葉を知っていても他者への話しかけ方を知らなければ、助けを得るのは難しい。話しかけ方を間違えればときに悲劇的なことが起こる。言葉は、不可視な信頼の上ではじめてそのはたらきを得る。信頼という見えない橋が、人と人のあいだをつなぐのである。

情報や知識は感情と一つになったとき、変貌する。もちろん、良い方向にばかりではない。知識が怒りと結びついたとき、破滅的な現象が生起《せいき》することもある。その一方で、知識が、人と人をつなぐ慈愛と一つになるとき、驚くような叡知が宿ることもある。

あまり感情的になるな、という言葉を耳にする。だが、こうした文脈で語られているのは「感情」というより「激情」と呼ぶべきものだろう。ローマ時代の哲学者セネカは、怒りとは、短い狂気であると語っている。だが、真の感情はもっと静かに、しかしたくましく、強靭《きょうじん》なはたらきによって人間の生活を根底から支えている。

次に引くのは、一九二〇年、日韓併合と呼ばれる政治状況のなか、哲学者の柳宗悦が韓国の人々に書き送った公開書簡「朝鮮の友に贈る書」にある一節である。ここには感情という文字は無いが、そのはたらきの根底にあるのは情愛という感情であることがありありと語られている。

私は今貴方がたの運命を想い、顧《かえり》みてまたこの世の不自然な勢いを想う。あり得べからざる出来事が目前に現れている。私の心は平和ではあり得ない。心が貴方がたに向う時、私も共に貴方がたの苦しみを受ける。何ものか見知らぬ力が私を呼ぶように思う。私はその声を聞かないわけにはゆかぬ。それは私の心から人間の愛を目覚ましてくれた。情愛は今私を強く貴方がたに誘う。私は黙してはいられない。どうして貴方がたに近づく事がいけないのであろう。親しさが血に湧《わ》き上る時、心は心に話し掛けたいではないか。

（柳宗悦「朝鮮の友に贈る書」『民藝四十年』岩波文庫）

この一節を読むとき、柳宗悦という人が、どこから言葉を発していたのかを考えさせられる。「心は心に話し掛けたいではないか」、この一節は、彼の生涯を貫く悲願だったといってよい。

柳宗悦は民藝運動を牽引《けんいん》した人物として知られる。民藝の思想的源泉は彼と韓国、当時の言葉でいえば朝鮮文化との出会いにある。彼が東京・駒場に創設した日本民藝館の原型である「朝鮮民族美術館」は今日のソウルの中心地、かつての王宮、景《キョン》福宮《ボックン》があった場所の一角、緝敬堂《チッチョンダン》に作られた。

苦しむ者の心は、他者の苦しみと共振する。苦しみを抱えた心は、他者の苦しむ無言の声をわがこととして受けとめる。

自分の生涯を顧《かえり》みても柳の言葉には真実味を覚える。苦しみにあるとき、手を差し伸べてくれたのは、いつの日か、苦しみの日々を生きた人たちだった。

苦しみは情愛の種子である、と柳はいう。「情《じょう》」は「こころ」とも読む。「感く」と書いて「うごく」と読む。感情とは、激しい心情の昂《たか》ぶりではなく、ある出来事を前にして「こころ」が、まざまざと感《うご》くさまをいう。

感受性と感性も似て非なるものだ。感受性が文字通り、何かうごめくものを「受け止める」ちからであるとすれば、感性は、自立的で、能動的だ。それは、激情の深みにあって、深海のように静寂をたたえた心の本性を指す。

感情は感性によって支えられている。ときに感受性は激しく動く。だが、感性は静謐《せいひつ》のなかで、力強くはたらく。

苦しみのなかで出会うべきは、感性に秘められた静かなちからなのではないか。柳はその一つの顕われを「情愛」という言葉で語ろうとしたのである。

情愛の泉

愛情と情愛は同じではない。ともに「愛」という種子から開花したものには違いないが、異なる色をたたえた感情の花だといってよい。「愛情」というときは、「愛」が前面に出てくる。だが、情愛というときは「情」のはたらきが先んじる。

人は自分が好ましいと思わないものに愛情を感じるのはむずかしい。だが、好悪を超えたところではたらきだすのが情愛なのではあるまいか。

敵対する相手に愛情を持つことはできないとしても、その人の心の奥にある悲哀を見つめるとき、不可避的に動き始めるのが「情」である。

情に流されてはいけない、という言葉もあるが、このときの「情」は、真の感情ではなく、やはり一時的な感情の昂《たか》ぶりを指す。

「愛」という言葉はなかなか日本には根付かない、とはよく聞く言葉だが、この言葉をキリスト教や西洋の文化のように理解している現代人の視座が歴史を見失っているだけなのかもしれない。

「愛」の文字は、儒教の聖典である四書五経の一つ『大学』にあり、日本でも鎌倉時代、曹洞宗《そうとうしゅう》を開いた道元《どうげん》が『正法眼蔵《しょうぼうげんぞう》』において、「愛語」という表現を用いて、言葉による愛《かな》しみの意味を語っている。

「愛」は西洋文化の受け皿としてのみ存在した言葉ではない。私たちはどこかの時点で、東洋哲学における「愛」の伝統を見失ったのである。

ひとたび情愛の心が湧《わ》けば、人はもう「かなしみ」から逃れることはできない。なぜなら、その情愛の泉が注がれる相手を喪《うしな》うことこそ、もっとも耐えがたい「かなしみ」だからである。

むかし人は「かなし」という言葉に幾つもの漢字を添えることで、意味の深みを探った。「悲し」、「哀し」はよく知られている。「美し」、「愛し」と書いても「かなし」と読んだ。

悲しみは、単に悲痛や悲嘆の経験であるだけでなく、深い哀《あわ》れみの始まりとなり、情愛の母胎となる。そこで「悲し」は「愛し」という顔を持つ。また、その心情は美しくさえある。それゆえ「美《かな》し」という言葉さえも生まれた。「かなし」という言葉の歴史は、そうした意味の深まりを伝えてくれている。

さらに哲学者の九鬼周造《くきしゅうぞう》は「愛し」は「かなし」だけでなく、愛惜《あいせき》という言葉があるように古語では「惜《お》し」と同じく「愛《お》し」と読んだことに着目している。愛惜の念とは、どこまで愛しても終わりがなく、その日々が過ぎ行くのを「惜しい」と感じる心のありようを指す。そう語ったあと、九鬼はこう言葉を継いだ。

愛が愛惜として、愛するものの背後に、その消滅を予見する限り、愛は純粋な「嬉《うれ》しい」感情ではなく、「悲しい」感情をも薬味《やくみ》として交《まじ》えた一種の全体感情である。「愛《かな》し」という全体感情の中に「悲し」という部分感情が含まれているのである。

（九鬼周造「情緒の系図――歌を手引として――」『「いき」の構造 他二篇』岩波文庫）

「悲し」が「愛し」を包むのではなく、「愛し」という「全体感情」の一角に「悲し」があるというのである。

この言葉に出会ったときの静かな、しかし、存在の地平を変転させるような衝撃を忘れることができない。それまでは「悲し」を深化させることで、「愛し」に至るのだと感じていた。

九鬼の言葉もそう読むこともできるだろう。だが、もう一歩踏み込めば、「悲し」という感情は、人間が「愛し」という見過ごしていた全体感情を取り戻す、内面の旅の始まりを告げ知らせるものであるという、もう一つの道が見えてくる。

人生には、苦しみや「かなしみ」のちからをもってしか開けることのできない扉がある。耐え難い苦しみや悲しみを経験して人は、それまで気が付くことがなかった情愛の泉を自らのうちに見出すことになる。そして、その泉から湧き出《いず》る不可視な水は、渇くことなくその人とその周囲にいる人たちを慰め続ける。

苦しみや「かなしみ」が私たちに教えるのは、答えではなく問いの深まりである。人生には明確な答えなど存在しない。そうしたことも感情の眼をもって眺めるとき、はっきりと感じられるのではないだろうか。

余白の言葉

人生を変える一冊は確かに存在する。だが、出会ったときにそれだと分かるとは限らない。私の場合は違った。

ある日父が、この人の本を読んでみるといいといって、井上洋治の『余白の旅 思索のあと』を手渡してくれた。父は、この本、ではなく、たしかに「この人の本」と言った。それは差し出した本だけでなく、何かを感じたら、同じ著者のものを続けて読むとよい、という促《うなが》しだったのだろう。

そのときすぐに読んだか否かは覚えていない。しかし、この本との邂逅によって私は、「わたし」になるための道を歩き始めた。

『余白の旅』は、著者が五十三歳になる年に刊行された精神的自叙伝である。著者はカトリック司祭だから霊性的自叙伝と呼ぶべきなのかもしれない。

ここでの「余白」は、神のはたらきの場にほかならない。著者は墨絵の余白を例にして、「余白」の神学というべきものを展開している。

水墨画家が白い紙に一つの円を描く。するとそこに完全を意味する象徴的な図形が描きだされる。だが、そこに生じるのは円の図だけではなく、同時に「余白」が生まれる。むしろ、黒く描かれた円が現出させたのは「余白」だとすらいえる。円のかたちで切り取られた「余白」が顕現したのである。ある人は「円」に意味を感じる。だが、私たちの深層意識はいつも同時に「余白」にも意味を感じている。

詩を読むときのことを考えてみればよい。ある人は、文字や音だけでなく、余白の美しさも感じているだろう。

同じことは印刷された文字と書物との間でも起こっている。「行間を読む」というように「読む」という行為には、単に文字を追い、字義通りに理解すること以上の意味がある。

さらに、円と新生する余白の関係は、「即」という言葉で表すことができる。そこには一瞬の隙間もない。このことを私たちは経験的に知っている。人は、場と建築、声と沈黙、時間と永遠にも同質の現象を見出す。

この本で著者は、いかに生きてきたのかを語るよりも、いかにして「余白」に出会い、「余白」によって「生かされている」のかを語る。

いかに生きるのかと考えるとき人は、どこかで人生は自分の思うようになると思い込んでいる。そのいっぽうで私たちは、人生は思うようにならないという厳粛な事実を感じながら日々、生きている。

熟慮しなくてはならないのは、いかに生きるかという意志の問題だけでなく、いかに「余白」と呼ぶべきものに「生かされている」かという現実にほかならない。それが著者の生の基軸なのである。

当然、人生の真の「主人公」は、自分ではなく、自分を生かしている何ものか、ということになる。著者はそれを神であるといい、その歴史的介入をイエスという。彼はこの本でキリスト者の第一義とは何かをめぐってこう記している。

イエスについて知ることではなく、イエスを知ることである。神について語ろうとすることではなく、神を知ることである。そして何かを知るためには、私たちには、その何かの生命に向かって飛び込み、これを受けとめようとする行為が要求される。

（井上洋治『余白の旅 思索のあと』日本キリスト教団出版局）

知の力によって何か「について」知ることとは、表層の認識に過ぎない。人は人生を賭して何か「を」真に認識するところまで行かねばならない、というのである。私はこの著者に十九歳のときに出会った。以来、彼は私の無二の師になった。

悲愛の人

あるとき神父は、何か秘めた思いを吐露《とろ》するように私に語った。心から心に語りかけるにはどうしたらよいのか、そのことだけを考えてきた、というのである。

神父は第一線を退き、高齢者住宅で暮らしていて、あまり人に会うこともなかった。知人のなかには、面会を申し出たが丁重に断られたという人も少なくなかった。

すでに高齢で、かつてのような対話はできない。もう役に立つようなことを話すこともできない、というのがその理由だった。

幾度かそうした話を伝え聞いていたとき、突然、携帯電話に神父から連絡があった。どうしても会って話がしたい、というのである。

ここで神父と書いているのは、私の師だった井上洋治である。

数日後、神父と面会すると、彼は大きめの紙袋いっぱいに入った原稿を差し出して、自分に、もしものことがあった場合、これを世に出してほしいという。生前に手渡された「遺稿」だった。

原稿が自分の手を離れると安堵した様子で、出前の寿司を用意してあるから、食事をして帰ってほしい、ということになった。

神父は、自分は今もカトリックの司祭だが、それは今の教会と信仰の在り方を同じくしていることを意味しない。自分は改めて内村鑑三に強く惹かれると語った。神父にとって内村は、敬愛する歴史的な人物の一人というよりも、キリストに出会った信仰の証人であり、母語によって信仰のありようを語り続けた稀有なる先行者だった。

内村鑑三は、人は誰も神と直接つながっている。必ずしも教会や儀礼を媒介とする必要はないとする無教会の信仰を生きた。内村は教会を否定した、と言われるが事実ではない。彼は生前からその誤解に苦しんでいた。彼は、伝統的な教会を中心とした信仰とは別に、教会でのミサも洗礼などの秘蹟《ひせき》も必要としない信仰もあり得る、と語ったのである。

神父の仕事には、ミサや秘蹟を行うことのほかに、人が、ほかの誰にもいわないような話を聞くというものがある。カトリックでいう告解――むかしは懺悔《ざんげ》ともいった――のような場合もあるが、ひっそりとした対話の場合もある。

井上神父は、さまざまな理由で洗礼を受けたいが受けられない人に数え切れないほど会ってきた。洗礼を希望する人の何倍も、希望しているがかなわないという人々にめぐり会ってきた。

生まれた家が仏教寺院だという人、配偶者が異なる信仰を生きているという人、宗教に強い抵抗を感じている家族と暮らす人などが、神父のミサには参加していた。あるいは手紙を送ってきていた。入信なき信仰者たちとのさまざまなかたちでの対話は、神父の信仰と神学の根底をなすものだった。

自分にとっての内村鑑三と無教会的信仰の意味を語ったあと、神父は小さな声でつぶやくようにいった。

「結局、自分がやってきたのは、心から心に語りかけるということだったと思う」

神父は知性においても、じつに優れた人物だった。ただ、彼にとって知性とは、彼がいう心のはたらきとともにあるとき、ちからを発揮する何ものかなのであって、そのつながりが失われてしまうとき、大きな誤りを生む原因にもなり得るものだった。彼にとって信仰とは知られる対象ではなく、生きて証しされるべきものだった。

ここで彼がいう「心」を、ある人は「たましい」と呼ぶだろうし、ある人は「霊性」というかもしれない。それは意識・無意識という言葉で、通常語られているような、人間の意識を超えた何かを含んでいる。

最初の著作であり、主著でもある『日本とイエスの顔』で彼は、何かについて知ることと、何かを知ることとの差異を語った。「ついて知る」のは間接的経験だが、「を知る」のは直接経験だというのである。信仰の深まりは、後者によって起こる。「心」はいつも何かを「直に《じか》」経験する。

同じ本で神父は、彼の神学を読み解く最も重要な言葉である「悲愛」をめぐっても書いている。それはイエスが、生きることによって体現した愛にほかならない。『新約聖書』が記された古代ギリシア語では「アガペー」という。

アガペーは、あるところでは「隣人愛」と訳されることもある。だが、そもそも「隣人」という言葉が根付いていない文化で「隣人愛」と言ってみたところで確かなものを表現したことにはならない。そこで神父は、これを「悲愛」と呼んだ。

もし、〝悲〟という字が、本来は人生の苦にたいする呻きを意味し、共に苦しむおもいやりを意味するものであれば、アガペーは悲愛とでも訳すのがいちばんふさわしいと思います。

（井上洋治『日本とイエスの顔』日本キリスト教団出版局）

『新約聖書』で語られる「愛《アガペー》」は、悲愛と訳すことではじめて日本人の心に届くのではないかというのである。

「悲」とは、声にもならない呻《うめ》きの意味であると同時に、それがあるからこそ共鳴する「おもいやる」衝動である。それは意識を超えたところから生まれる小さな奇蹟にほかならない。これが、神父が日々経験していたもう一つの現実なのかもしれない。

遅れて届いた手紙

遅れて届いた手紙のような、遠藤周作による未発表作品が、遠藤周作文学館に寄託されていた資料から見つかった。題名は「影に対して」となっており、原稿の状態も、いわゆる草稿ではなく、秘書によって清書され、遠藤はそこに加筆もしている。

書かれた時期は正確には分からない。だが、この作品が書かれた原稿用紙が使われるようになったのは、一九六三年以降であることが、記念館の学芸員の調査によって判明している。作品は二〇二〇年の『三田文學』の夏季号に掲載された。

ただ、まったく手掛かりがないわけでもない。重要なヒントは題名の「影」という言葉にある。

一九七六年に河合隼雄の『影の現象学』が刊行された。この本が文庫化されたとき遠藤は「戦後の名著の一つ」という讃辞とともに解説を寄せている。河合のいう「影」は、ユング心理学における「シャドウ」で、それを河合は日頃は見過ごされている「もう一人の私」であると述べている。今回見つかった作品における「影」は、「シャドウ」と強く共振する。

未発表原稿は、その作家のデビュー前の試作であることも多いが、今回発見された作品は違う。この作家が独自の世界を切り拓いた後《のち》に書かれたものであることは、一読して明らかだ。

主人公の名前が「勝呂《すぐろ》」であることも、遠藤周作の読者にとってはとても親しく感じられただろう。遠藤とも親しかった加藤宗哉も言及しているように『海と毒薬』や『スキャンダル』といった彼が自らの殻を打ち破ろうとする作品を書くとき、「勝呂」が語り始めるのである。

「影に対して」は、主人公が、幼いころ離婚した父母とのまじわりを回想しながら、見過ごしてきた人生の宿題と向き合う道程を描き出した作品だといってよい。

できれば見ないままでおきたかったものと対峙するのだから心地よいことばかりではない。

主人公は自らの「弱さ」を痛感する。

「たとえ学校などに行けなくても母についていくべきだったのに、その母を見捨てた自分の弱さ、卑怯さが苦しいのである」とあるように主人公は父母の離婚に際し、母を守り切ることができなかったことを責める。

「弱さ」は遠藤の文学を読み解く最重要の鍵となる言葉だ。そこにもう一つ言葉を加えよといわれたら私は迷わず「秘密」を挙げる。

今回見つかった作品では、「弱さ」と「秘密」という深層意識の現実が重層的に絡み合っている。

この小説における「秘密」の一つに、主人公が母からの手紙によって受け取った言葉がある。真摯な手紙の文字はいつも多層的で、宛先になっている人しか見通すことのできない意味がある。盗み見る者がなぞるのは文字によって示される表層の意味でしかない。

音楽家を目指していた母親は、ある手紙で、「音」と向き合う日々が自分にとって、どのような意味を持つかをめぐって、次のような言葉を書き送ってきた。

母さんがいつ、演奏会をするのかとあなたは言ってきたけれど、今のところその気は全くありません。人に発表するだけのものが自分にできていないからです。テクニックだけではなく、もっと高いものが音楽にはある筈なのに、母さんはそれがいくら勉強してもまだつかめないからです。でも一つの音のなかから母さんは音以上のものをとらえてみたいと考えています。ただ、近頃は心臓のほうが更に悪く、みなから顔がむくんだなどと言われています。

（遠藤周作「影に対して」『三田文學』二〇二〇年夏季号）

ここで語られているのは、音楽の鍛錬ではない。音による求道である。

この作品は小説だが、遠藤の母もまた、音楽に生きた人だった。こうした手紙を彼が実際に母からもらったかどうかを詮索しても意味がない。だが、音に「音以上」のものを求める姿を遠藤が母に感じていたことはおそらく間違いない。

作家である彼にとってこのことは、自分は一つの言葉に言葉以上のものを求めているかという避けることのできない問いとなって返ってきたのだろう。

自分の「弱さ」と「秘密」とのあいだに繰り広げられる、静かな、しかし、熾烈《しれつ》な生のたたかい、それはコロナ危機を生きる私たちにも無縁ではないだろう。今、この作品がよみがえってきたことに機縁のようなものすら感じる。

沈黙のちから

社会で働くのがいやで、二十一歳のときに心を病んだ。医者がカルテに「神経症」と書いたのを今でも鮮明に覚えている。

三十年前のことで、今日とは常識も違うが、男性社員の場合、当時は営業職に就くのがある種の「洗礼」であるかのようにいわれていた。営業マンは酒の付き合いと車の運転ができなくてはならない。私はどちらも苦手だった。免許を持ってはいるが、明らかに運転には向かず、酒に関しては、ケーキに入っているアルコールにも反応するほどの下戸《げこ》だった。自分を追い詰め、ほとんど家から出ない、そんな闇の日々で、ある中世カトリック教会の神父の言葉に出会った。

その人物は十四世紀ドイツのドミニコ会の司祭であり、のちにドイツ神秘主義の巨人と称される人だった。その確かな神学の研鑽《けんさん》と霊性の深さから尊称である「マイスター」を冠し、マイスター・エックハルトと呼ばれた。弟子たちは「高位の師」などと呼ぶこともあった。

この人物の説教集に出会い、人生が変わった。大げさに聞こえるかもしれないが、救われたのである。

振り返ってみれば、執筆においても、エックハルトに魅せられた人々を対話者としながら今日まで歩いてきたようにも思う。井筒俊彦、西田幾多郎、鈴木大拙、柳宗悦、シモーヌ・ヴェイユ、エーリッヒ・フロムなどの名前がすぐに浮かぶ。彼、彼女らの言葉によっても一度ならず、人生の危機をくぐりぬけてきた。

先にあげた人たちはそれぞれ自分とこの霊性の師というべき人物との出会いをめぐって言葉を発しているが、そのなかでも印象的なのは、シモーヌ・ヴェイユが、ジャン・マリー・ペラン神父に書き送った手紙にある一節だ。彼女はエックハルトを「神の真の友人」と呼ぶ。

神の真の友人達が――私の気持ちではマイステル・エックハルトのような人です――ひそかに、沈黙の中で、愛の結合の中で聞いた言葉をくり返す時、そして、かれらが教会の教えと一致しなくなる時、それはただ、公けの場所での言語が、婚礼の部屋の言語とは異なるからであるにほかならないのです。

（シモーヌ・ヴェイユ『神を待ちのぞむ』田辺保・杉山毅訳、勁草書房）

同じ手紙でヴェイユは、ある時期まで――一九三七年頃まで――は、エックハルトのような神秘家の書物は一度も読まないできた、と語っている。それが聖フランシスコ生誕の地アッシジ訪問を境に徐々に彼女の霊性がある方向に動き始め、ついにはエックハルトを「神の友」と呼ぶに至る。ペラン神父は、エックハルトと同じ修道会ドミニコ会に属する神父だった。

神の友となるとは、すなわち、神と生涯をともにすることを宣言することだといってよい。キリスト教では神を伴侶とするという意味で、霊的結婚という言葉すらある。外目には独りで生きているようにも映る。しかし、その心の奥――エックハルトはそれを「神殿」あるいは「魂の城」と呼んだ――は、神との生活のすまいとなっている、というのである。

マイスター・エックハルトの存在を知ったのは、岩波文庫から刊行された『エックハルト説教集』だった。書店で偶然に手にした。当時はユング心理学に関心を強めていて、文庫本のカバーにユングがこの人物をめぐって「自由な精神の木に咲く最も美《うる》わしき花」と書いたという記述があり、それも強い契機になったのかもしれない。

その後、何度読んだか分からない。文字通り、魂が渇いた者が、叡知の水を求めるようにその言葉を追い、意味の深みを探った。

あなたがたはこのことをはっきりと知っておかなくてはならない。つまり、イエスのほかだれかが神殿のうちで、すなわち魂のうちで語ろうとするならば、イエスはわが家にいないかのように沈黙する。魂が見知らぬ客をむかえ語りあっているのであるから、魂の内ではイエスはわが家にいないのと同じである。イエスが魂の内で語るのをもとめるならば、魂はひとりでいなくてはならないし、イエスが語るのを魂が聞きたいと思うならば、魂はみずから沈黙しなければならない。

（エックハルト『エックハルト説教集』田島照久編訳、岩波文庫）

生において最も重要なのは内界に沈黙を生み、神の働く場を作ることである。私たちが語れば語るほど、神の声は聞こえにくくなる、というのである。

苦しいとき人は祈る。だが、苦しいと嘆く自分の声があまりに大きいと、沈黙を通じて現れる神の声を妨《さまた》げる。エックハルトの言葉に従って考えれば、祈るとは、神に何かを願うことではなく、沈黙のなかで神の声を受け止めることになる。

出口がないかのように見えるこの困難を自分でどうにかしなくてはならないと思い込んでいた当時の私にとって、この本は、文字通りの意味で精神に革命を起こした。そして、先の一節に出会ったとき私は、初めて「読む」とは文字の奥に沈黙の意味を認識することであることをおぼろげながらに理解したようにも思う。「読む」ことが満ちてきたとき、私は「書く」という営みを身に付け、それに付随するように少しずつ癒えていった。

当時は分からなかったが、今はよく分かる。私にとって「書く」とは、内なる自由を発見する道程にほかならなかった。それは過去形ではない。今もその意味は失われていないからである。

世の中が押し付けてくる「自分らしさ」から離れ、傷ついた自分の手を、己れの心中でにぎりしめること、それが自由である。そして自由とは、文字通り、「自らに由《よ》る」ことにほかならない。

聖なる場所

作家須賀敦子の評伝を仕上げるために、彼女が長く暮らしたイタリアを訪れた。イタリア生活での本拠地というべきミラノにも行ったのだが、今回の真の目的地はアッシジだった。

アッシジの聖フランシスコが生まれ育った場所である。彼女は重大な決断を迫られるとき、しばしばアッシジに足を運んだ。そこでこの聖人と彼の信仰に魅せられた人たちとの無言の対話のなかに道を見つけようとした。

この場所は多くの人にとっても特別な場所だったが、須賀敦子にとってまさに「わたしの」聖地と呼ぶべき場所だった。私も今回が初めてではない。四半世紀前にも一度、訪れたことがあった。今回もそうだったが、最初の訪問のときも、何ともなつかしい心持ちがした。日に映る光景は、中世イタリア文化の栄華そのままなのだが、心に映じてきたのは、いつの日からか、自分はこの場所とつながっていたのではないかという、何とも説明しがたい思いだった。こうした心情を郷愁というのかもしれない。

詩人の中原中也は、「愁しい」と書いて「かなしい」と読ませているが、たしかに郷愁の念が私たちの心を包むとき、美しい哀愁というべきものが胸に押し寄せてくる。そして、多くのなつかしい人がそうであるように、なつかしい場所というのも、再訪してみるとそれまでの時間の空白が一挙に埋まるような気がした。

アッシジの代名詞でもある聖フランシスコ大聖堂は山の上にある。歩いていけないことはないが、夏の日などは少しつらい。多くの人はタクシーに乗って大聖堂を目指す。だが、その選択はあまりおすすめできない。大聖堂の前に立ち寄っておきたい場所があるからだ。

人はその場所をポルチウンクラ聖堂という。少し複雑なのだが、この聖堂はサンタ・マリア・デリ・アンジェリ教会という大きな聖堂のなかにある。フランチェスコの没後、移築されたのである。むしろ、この大聖堂は、小さなポルチウンクラ聖堂を守るようにさえ見える。

一九三七年、この場所をシモーヌ・ヴェイユが訪れた。そのときに起こった出来事は彼女にとってもまったく予期しないことだった。

一九三七年、私はアシジで素晴らしい二日を過ごしました。聖フランチェスコが、そこでしばしば祈りを捧げたといわれる、比類のない純粋さを保つ素晴らしい建物、サンタ・マリア・デリ・アンジェリの十二世紀ロマネスクふうの小礼拝堂の中にただ一人おりましたとき、生まれてはじめて、私よりより強い何物かが、私をひざまずかせたのでありました。

（シモーヌ・ヴェイユ『神を待ちのぞむ』田辺保・杉山毅訳、勁草書房）

聖なるものを求める魂の渇望は、それ以前から強くあった。そうでなければアッシジを訪れることもなかっただろう。ただ、それまでの彼女にとって聖性は、社会正義に近いものだった。だが、この出来事を境に彼女が感じる聖性には神秘、あるいは謎という「顔」が顕われるようになる。

ヴェイユは生前、論文を公けにすることはあっても、著作を世に送ることはなかった。『神を待ちのぞむ』も彼女の遺稿集である。先に引用した言葉も、信頼を寄せたペラン神父に送った私信であって、広く読まれるために書いたものではなかった。しかし、それだからこそ、そこに刻まれた言葉は、信仰や文化の垣根《かきね》を超え、私たちの心にまっすぐ届くのかもしれない。

強く世に送り出そうとしたのではなく、そっと部屋に置かれたような言葉が、半世紀以上の時間を経てもなお、人々の心を打ち続けている。造られた言葉ではなく、生まれてきた言葉は、古びるということとは関係がないのかもしれない。ただ、私たちはその意味に気が付かず、そうしたもののほとんどを見過ごしているのだろう。

コトバを運ぶ人

生前は、あまり知られていなかったが、須賀敦子は敬虔なキリスト者だった。カトリック教会で洗礼を受けたのは十八歳、ある時期は聖職者になることも考えた。

キリストの弟子を使徒と呼ぶ。「マルコによる福音書」によると、使徒とは、イエスにあるちからを託された、神の言葉を運ぶ者ということになる。

「初めにみ言葉があった」という「ヨハネによる福音書」の冒頭の言葉が物語っているように、キリスト教は言葉を重んじる。

ただ、『新約聖書』で語られている言葉は、私たちが社会生活で用いている記号的な言語ではない。それは、まなざしやさまざまな行為の姿をとって告げられる聖なる意味だといってもよい。

『新約聖書』における言葉をここでは哲学者の井筒俊彦にならって「コトバ」と書くことにする。彼がいう「コトバ」は、世にある、意味を内に秘めるすべての現象を指す。使徒とは、コトバを運ぶことを使命とされた人である。

あまり聞き慣れないかもしれないが「信徒使徒職」という言葉がある。聖職者にはならないのだが、一信徒の立場で現代の使徒となるべくして生きようと志す者を指す。須賀敦子が内面で選び取っていたのも、こうした境涯だったように思う。

それではもう私たちは、聖人になるのをあきらめねばならないのでしょうか。「ことばで祈れなくとも、頭で祈れなくとも、生きることによって祈れる」とヴォアイヨーム師は云っておられます。「愛したいとねがって生きることそれ自体がりっぱな祈りなのだ」と。

(須賀敦子「どんぐりのたわごと」『須賀敦子全集 第7巻』河出文庫)

聖職者にはならない。しかし、「聖人」になることまで手放したわけではない、というのである。

「聖人になるのをあきらめねばならないのでしょうか」という言葉を見ると、若き須賀敦子は、自分もまた、聖人になれると思い込んでいたのかと思われるかもしれない。もちろん、須賀は高慢なのでも、うぬぼれているのでもない。

聖人が、その生涯を通じて聖性を体現したのであれば、一瞬だったとしても、自分もまた、聖なるものの器になろうと努めなくてよいのか。聖なるはたらきは遍在する。そうだとしたら、すべての人が、聖なるもののはたらきの場になり得るはずだ。どうしてその高貴な恩寵《おんちょう》を自ら手放さなくてはならないのか、というのである。聖なるものが顕現するとき、はたらく主体は人間ではない。神である。それが須賀敦子の確信だった。

一九六〇年から七一年まで、須賀敦子はイタリアのミラノを拠点にして活動していた。作家として知られる以前のことである。当時のことを書いたのが代表作『コルシア書店の仲間たち』である。

コルシア書店は、カトリック左派と呼ばれる、教会を改革していこうとする人々によって営まれていた。「せまいキリスト教の殻にとじこもらないで、人間のことばを話す『場』をつくろうというのが、コルシア・デイ・セルヴィ書店をはじめた人たちの理念だった」(『コルシア書店の仲間たち』)と須賀は書いている。

この書店は、本を売る場でもあるが、本を出版することもあった。ここで彼女は伴侶と出逢い、友との交わりを深めた。貧困や絶望、あるいは差別のなかで暮らす人たちに寄り添う、というのもこの書店が掲げた重要な仕事だった。

現代のカトリック教会における最大の改革は、一九六二年に始まり、数年間にわたって行われた第二バチカン公会議である。コルシア書店の活動はそれを先取りするように行われていた。

須賀はコルシア書店での活動を日本の友人たちに伝えるために「どんぐりのたわごと」という小冊子を作っていた。いわゆるガリ版刷りで、須賀の肉筆が印刷されている。十五号まで刊行が続いた。先に引いた文章はその第一号の「あとがき——

シャルル・ド・フーコーの霊性について」にある。

公会議以前、教会のなかではまだ他の宗教や霊性との対話が積極的に行われていなかった。いつでも、誰にでも開いていなくてはならないはずの教会の「門」が、いつしか人を選ぶようになっていた。こうした状況を彼女は「殻にとじこも」っているというのである。

振り返ってみると、コルシア書店の人たちが戦っていたのは、疎外だった。より平易な言葉でいえば造られた孤立だった。孤立はない方がよい。孤立とは「あいだ」が失われること、それは人間であることの条件に直接関係する。

いっぽう、孤独のときは、人生になくてはならない。孤独のときこそが人に、自己のみならず、他者とそして、大いなるものとの静謐《せいひつ》な対話をもたらす。しかし、孤立と孤独の差異が、あるときはよく分からなくなる。

『コルシア書店の仲間たち』の終わりには次のような一節がある。「コルシア・デイ・セルヴィ書店をめぐって、私たちは、ともするとそれを自分たちが求めている世界そのものであるかのように、あれこれと理想を思い描いた」、そう書いた後、彼女はこう続けている。

それぞれの心のなかにある書店が微妙に違っているのを、若い私たちは無視して、いちずに前進しようとした。その相違が、人間のだれもが、究極においては生きなければならない孤独と隣あわせで、人それぞれ自分自身の孤独を確立しないかぎり、人生は始まらないということを、すくなくとも私は、ながいこと理解できないでいた。

若い日に思い描いたコルシア・デイ・セルヴィ書店を徐々に失うことによって、私たちはすこしずつ、孤独が、かつて私たちを恐れさせたような荒野でないことを知ったように思う。

（須賀敦子『コルシア書店の仲間たち』文春文庫／河出文庫）

人は他者との連帯のなかに、何らかの意味で自分を必要としてくれる居場所を希求している。その道程には、文字通りの試行錯誤がある。あるときは孤独に耐えきれず、その空白をどうにか埋めようと懸命になる。しかし個々人にとっての真の人生は、それぞれの孤独と向き合うところからしか始まらないだろう。その痛みのなかで人は、自己だけでなく、他者とも真に出会い直すのかもしれない。

一九六七年、須賀の伴侶が病のために急逝する。彼は実質的にコルシア書店を率いていた。彼女は最愛の人と、自分であることを許してくれていた場所を同時に失ったのである。

霧の人

これまでいくつか評伝を書いてきたが、評伝をもって論じるべき人にはしばしば、その人の内的光景を象徴するような一語がある。

井筒俊彦の場合は叡知、あるいはコトバ、柳宗悦は不二、あるいは即如《そくにょ》。小林秀雄は美、あるいは悲しみ。吉満義彦は神秘、あるいは天使。河合隼雄は「たましい」、あるいは均衡。池田晶子は内語《ないご》、あるいは不滅だった。須賀敦子の場合は霧、あるいは聖人かもしれない。人は、それぞれの人生の扉を通じて、その奥にある世界をかいまみようとする。

須賀敦子にとって「霧」は、生者のくにと死者のくにのあいだにあって、それを分かつものでありながら、同時にそれをつなぐものでもあった。

仏教では人間界を此岸といい、彼方のくにを彼岸という。霧は、此岸と彼岸を区分するものではあるのだが、分断するものではない。むしろ、それらが不可分の関係にあることを証明している。

作家としての最初の著作『ミラノ 霧の風景』に「霧」の文字があるのも偶然ではない。この本の「あとがき」に「いまは霧の向うの世界に行ってしまった友人たちに、この本を捧げる」と書いてあるのを見るだけでも、彼女にとって「霧」が単なる比喩以上の意味を持ったものだったことが分かる。彼女にとって「書く」とは、「霧の向う」で生きている人たちに言葉にならないおもいを届けようとする試みだった。

言葉にならないことを「書く」などというと矛盾を指摘されるかもしれない。だが、それは私たちの言葉をめぐる実状なのではあるまいか。人は、言葉にならないことを語るために話をし、言葉にならない何かを受け取ろうとして耳を傾ける。「読む」とは書き手が絶句した場所を確かめることにほかならない、といったのは池田晶子である。

『ミラノ 霧の風景』には「霧」という言葉は幾度も出てくる。そのときどきで語感は異なるのだが、どのように用いても異界を想起させるはたらきだけは変わらない。たとえば、次の一節にある「霧」は、彼岸ではなく、私たちが生まれる以前にいた世界を思わせる。

あるとき、ミラノ生まれの友人と車で遠くまで行く約束をしていたが、その日はひどい霧だった。遠出はあきらめようか、と言うと、彼女は、え、と私の顔を見て、どうして？　霧だから？　と不思議そうな顔をした。視界十メートルという国道を、彼女は平然として時速百キロメートルを超す運転をした。「土手」にぶつかるたびに、私の足はまぼろしのブレーキを踏んでいた。こわくないよ、と彼女は言った。私たちは霧の中で生まれたんだもの。

（須賀敦子「遠い霧の匂い」『ミラノ 霧の風景』白水社／河出文庫）

ミラノは霧の濃い場所である。かつてに比べれば薄くなったといわれるが、やはり訪れてみれば依然、濃霧を経験する場所である。この文章もそうした自然現象としての霧を表現したに過ぎない、と読むこともできる。だが文学に決まった、正しい、ただ一つの読み方など存在しない。彼女の評伝を書き上げてみると、こうした言葉もある深甚《しんじん》な意味を持つように見えてくる。

「霧」のくには、死の果てに赴く場所でもあるが、同時に、生まれる以前にいた世界、すなわち哲学者のプラトンがイデア界と呼んだ場所だというのだろう。「霧」のくにに行くのは怖くない。なぜなら、それは生まれ故郷に還るだけのことだからだ、というのである。

死とは、死者となった人たちと出会うための旅にほかならないと信じていた彼女は、死自体をあまり怖れていなかったのかもしれない。

作家生活が実質七年強だった彼女の生涯を思うと、霧のなかを「時速百キロメートル」で走るという表現は単なる比喩だとは思えなくなってくる。作家須賀敦子の生涯は文字通りの意味で駆け抜けるようだった。

「まぼろしのブレーキを踏」むのと同質のことは、彼女の生涯でも起こっていたのかもしれない。私たちは急いではならないのだろうし、急ぐ必要もないのだろう。いつか誰もが霧のくにに赴くのである。

だが、いつ行くのかを決めるのは人間ではない。この世でやらねばならないことは、やらねばならない。これも、もういっぽうの厳粛な現実なのである。

弱き勇者たちの軌跡

奇妙なことをいうと思われるかもしれないが、「評伝」という形式には、書き手の努力だけではどうしても書き進められない部分がある。

もちろん、紙を文字で埋められはするが、それだけだとどうしても「作りもの」になってしまう。登場人物の息吹を感じることができない。そのために「生まれてきたもの」でなくてはならない。

言葉は、何とも呼びようのない場所から湧き上がってくる。哲学者の井筒俊彦はその場所を「言語アラヤ識」と呼んだが、ともあれ人間の自由になるようなものではない。生まれてくるのを待つほかない。

そのとき書き手は、助産師になる。「生まれて」きた作品は、じっさいの子どもがそうであるように、遠からず、一個の独立した存在として書き手である親のもとから離れていく。それどころか書き手が、いつまでも親であると主張することを暗黙のうちに拒むようなところさえある。

須賀敦子の作品にある言葉からも、そうして生まれてきたものだけが伴う、ある香りがする。

読者はその香りに導かれ、彼女が描き出す、未知なる人の姿にふれながら、私の奥にいて、見過ごしてきた「わたし」を見出すのだろう。「わたし」の領域、それは人が「生まれて」きた場所でもある。

そして、そこで見出す「わたし」は、強がる者ではなく、むしろ、弱い「わたし」、何ものかの支えなしでは生きていけない存在なのではあるまいか。代表作の一つ『コルシア書店の仲間たち』を開くとそこで読者は、弱い人たちの姿に一度ならず出会う。当然ながら、人の弱さに気が付けるのは、おのれの弱さを知っている人だけだ。

一見すると弱さは至らなさとは判別がつきにくい。しかし、それは似て非なるものである。

至らなさが、その人の悪癖とつながっていて、他者を遠ざけることが珍しくない一方、弱さは、それに接する他者の胸の眠れる愛に火をつける。

コルシア書店――正確にはコルシア書店だった場所――には、幾度か行ったことがある。須賀がミラノを後にしてからは様子が変わってしまったこともあったようだが、現在の状況はかえって彼女がいた頃に近くなっている。

何があったのかは知らないが、今、並んでいる本が、イタリアから日本の友人に向けて刊行していた手製の小冊子「どんぐりのたわごと」で須賀が紹介していた文章と強く呼応しているのである。この冊子を通じて彼女は、いわゆる「カトリック左派」の動向を日本の友人たちに書き送っていた。

コルシア書店には、本を売るだけでなく、出版する部門もあった。むしろ、それがいわばコルシア精神の支柱だった。書店全体を切り盛りしていたのは須賀の夫ペッピーノである。一九六七年、彼は何かに連れ去られるように亡くなった。今、目にしているこれらの本は、もしペッピーノが生きていたら、この書店から世に送り出されていたものだったのかもしれない、そう思いながら書架を眺めていた。

その典型がディートリヒ・ボンヘッファーの著作だ。数年前、この書店を訪れたとき、真っ先に目に入ってきたのが彼の本だった。ボンヘッファーは、一九〇六年、ドイツに生まれ、一九四五年、ナチスによって処刑されたプロテスタントの牧師である。

若くして、二十世紀でもっとも影響力をもった神学者カール・バルトにその才能を認められ、イギリス、アメリカに渡ってキリスト教諸派との対話を重ねた。分裂した教会に、新しい一致をもたらそうとするエキュメニカル運動を象徴するような人物でもあった。

非暴力主義者でもあった。実現しなかったが、インドで、ガンディーに学ぼうと試みたこともあった。処刑されたのは、ヒトラーの暗殺計画にかかわったからだった。これは単なる嫌疑ではない。非暴力を説き、徴兵すら拒んだ経験がある彼が、主体的に下した決断だった。

ファシズムとたたかう。それはコルシア書店の原点でもあった。「書店」の創設者で、神父でもあるダヴィデもカミッロも、ファシズムとたたかったレジスタンス、イタリアでいう「パルチザン」だった。

須賀敦子が、その言葉を「羅針盤」にしたというサン＝テグジュペリ、スペインの独裁を批判したジョルジュ・ベルナノス、そしてシモーヌ・ヴェイユもまた、ファシズムという現代の悪とたたかった人たちだった。『コルシア書店の仲間たち』の「銀の夜」にはこんな一節があった。

神を信じるものも、信じないものも、
みないっしょに戦った

ダヴィデは、ミラノ大聖堂で共産主義者の唱歌である「インターナショナル」を歌ったことがあるというほど開かれた人だった。

その言動を見た目通りに受け止めるだけでは、彼が司祭でいる理由も理解できないかもしれない。しかし彼だけでなく、その仲間たちも信仰を手放すことはなかった。たとえ教会がミラノからの「追放」を命じても、ダヴィデは一介の司牧者であることを止めなかった。それは須賀も同じである。彼女が、同時代の教会に対してときに厳しい見解をもっていたことはイタリアに行く以前に書かれた文章の端々《はしばし》からも窺《うかが》える。しかし、信仰者であることは止めない。

おそらく彼、彼女たちは、真の意味で悪とたたかい得るのは、世にいう善ではなく、聖なるものであることをどこかで感じていたのではないだろうか。そして、聖なるものとのつながりは、人が、おのれと他者の弱さを受け入れたところに始まることも、深く体得されていたように思われる。

今、私たちは、須賀敦子とその仲間たちと同質の試練に対峙しなくてはならない境遇にいるのかもしれない。そのとき彼女とその同志の軌跡は、私たちにとって、かけがえのない道標になるだろう。そこに私たちは、おのれの「弱さ」と向き合うという暗夜の経験の彼方に、単なる力強さを超えた、容易に折れることのない「勁《つよ》さ」を発見するのである。

いのちを生きる

人は、生きる意味を「あたま」で知りたいのではなく、それを実感することを願っている。また、物事の周縁をなぞるように知るだけでは、自分の血肉にならないことも、どこかで感じている。

しかし、現代人はどうしても「あたま」に頼りがちで、それを知ることからはじめてしまう。ある人は、書店で本を探すかもしれないし、別な人は誰かの話を聞きに行くかもしれない。インターネットから情報を収集しようとする人も少なくないだろう。

こうした選択の背後には、生きる意味は、知らないどこかに存在していて、自分だけがそれを見つけ損ねているのではないかという不安がある。さらに、生きる意味は、きっと誰かが教えてくれるに違いない、という無意識の思い込みがある。

だが、こうした行動はすべて、私たちを真に生きる意味から遠ざけるのかもしれないのである。

「どう生きるべきか」と問う。このとき人はほとんどの場合、反射的に自分がどう生きるべきかを考える。そこが迷いの始まりかもしれない。

先日、職場の同僚と話をしていたとき、彼がふと、どこからか言葉が訪れたようにこう語った。

「今まで、自分が正しいと信じていることをいろいろやってきたのですが、病気をしまして、そのとき、自分は生かされている、ということを感じるような出来事がありました……」

この人物は、何かを信仰しているわけではない。むしろ、宗教の世界からは少し離れた場所にいる。そんな彼が、「どう生きるのか」という問いを生き抜いた果てにたどり着いたのは、自分は「生かされている」という打ち消しがたい実感だったというのである。

今、彼にとって生きるとは、「私が」どう生きるべきかを考えることではなく、「人生が」自分をどう生かそうかとしているのかを感じることになっている。

もちろん「どう生きるか」を考えるのは悪いことではない。しかし、それがゆえに自分が「生かされている」ことを感じにくくなるのも事実だ。それだけでなく、自分という存在が、他者とのかかわりなしには存在し得ないことを見過ごしがちになる。

さらにいえば、「どう生きるか」と考えるとき、その人の世界で、「顔」を持って存在しているのは自分だけで、ほかの人は、ぼんやりとした存在であるかのように見えることすらあるだろう。

もちろん、現実は大きく異なる。人は誰もがそれぞれの名前と顔を持ち、それぞれの人生を背負って生きている。同じ人は存在しない。ある能力の有無は比較できるかもしれないが、その人が、今、ここにいるという絶対的な意味は比較されることを強く拒む。その人がその人であることを決定するもの、それが「いのち」だ。

この世に、同じ「いのち」はない。「いのち」こそ、私たちが真の意味で尊厳を持ち、その尊厳において平等であることを約束するものにほかならない。だが、私たちは自分を見つめているだけでは「いのち」を深く感じるのは難しい。それを実感するのは、他者との交わりにおいてなのである。

二〇一九年十一月、ローマ教皇フランシスコが来日した。教皇は「すべてのいのちを守るため」という言葉を訪問のテーマにした。東京で行われた「青年との集い」で彼は、他者との関係を深めるには、「とても大切なのにあまり評価されていない資質を向上させることが求められ」ると述べ、こう続けた。

他者のために時間を割き、耳を傾け、共感し、理解するという能力です。それがあって初めて、自分のこれまでの人生と傷が、わたしたちを新たにし周囲の世界を変え始めることのできる愛へと開かれるのです。

（教皇フランシスコ『すべてのいのちを守るため　教皇フランシスコ訪日講話集』カトリック中央協議会）

自分の生きる意味を探して、自分のために時間を費やすのではなく、他者に「時」をささげ、共感と理解を深めるなかにこそ人は、自らの「傷」を「愛」へと変容させる道を見出す。そこで「いのち」の意味と確かに出会うことができる、というのである。

真理のありか

ほんとうのことは、平易な言葉で語られなくてはならない。難しいことを平易に語ったのではない。平易に語られた言葉こそが、真理へと人を導く。それが池田晶子の哲学の原理だった。

もし、この世に「真理」と呼ぶべきものがあるとすれば、それは学問を積んだ人や怜悧《れいり》な人だけでなく、文字をあまりよく読めないような者にとってもそれだと感じられるものでなくてはならない、そう彼女は信じた。代表作の一つ『14歳からの哲学』は次の一節で終わる。

真理は、君がそれについて考えている謎としての真理は、いいかい、他でもない、君自身なんだ。君が、真理なんだ。はっきりと思い出すために、しっかりと感じ、そして、考えるんだ。

（池田晶子『14歳からの哲学』トランスビュー）

真理は、どこか彼方の世界にあるのではない。今、ここに、自分という場所にある。ほかのどの場所に探し物を見つけようとするのか、というのである。

哲学とは、複雑に見えるものの奥に素朴な、しかし朽ちることのないものを見つけようとする営みだといってよい。ソクラテスにとって、哲学者である条件は無知であることだった。より精確にいえば「無知の知」と呼ぶべきものこそが、彼にとっての叡知だった。

だが、いつからか哲学は、解答めいたものを世に次々と送り出す営みに姿を変えていった。池田晶子はそうした次元のにごりを「謎」の次元に引き戻そうとする。

頭でわかるだけの知識、借り物の知識なんかに、どうして一人の人間の人生を変えてしまうだけの力があるだろう。なぜなら、「考える」とは、まさにその自分の人生、その謎を考えることに他ならないからだ。

（前掲書）

真に「知識」と呼ぶべきものは「あたま」だけでは分からないという逆説、それを認識するのが彼女が信じた哲学だった。

「知識」とはもともと仏教の言葉で、仏道を照らし出す叡知とそれを生きる人たちを意味した。「知識」とは、情報の異名ではなく、叡知を体現する人間をも意味したのである。「善知識」とは真の意味における高徳の人、あるいは高僧を指す。

だが、時代が現代に近づくにつれ、本来の意味が失われていった。「知識」は生きて証しするものではなく、「あたま」に入れ、必要なときに取り出すものになっていった。

現代人にとっての知識にはいつも答えがある。むしろ、答えがないものは知識にならないと思い込んでいる。そして、知識が豊かな方が深く考えることができると信じている。だが、池田晶子の実感はまったく違う。彼女は「考える」という営みをめぐってこう書いた。

考えるということは、答えを求めるということじゃないんだ。考えるということは、答えがないということを知って、人が問いそのものと化すということなんだ。どうしてそうなると君は思う。

謎が存在するからだ。謎が謎として存在するから、人は考える、考え続けることになるんだ。だって、謎に答えがあったら、それは謎ではないじゃないか。

（前掲書）

人生に「答え」などない。このことは誰もがどこかで感じている。しかし、そのいっぽうで「答え」がないという不安に耐えることもできない。

私たちに必要なのは、ありもしない「答え」めいたものではなく、たしかな人生の「手応え」なのではないか。

謎に直面する。そのとき人は「答え」を手にすることはできない。しかし、名状しがたい「手応え」を感じる。池田晶子が「謎」という言葉で語ろうとしているのもこうした境涯ではなかったか。「答え」ではなく、「応え」を求めよ、考えるとは、謎を解き明かすことではない、謎を愛することを重んじよ、というのである。

もっとも身近にある、しかし、大きな「自分」という謎を愛《いつく》しみ、生き抜こうとする。叡知がその姿を露《あら》わにするのはこうした地平だ。

哲学者の旅は、遠くにいかない。それは今、自分の生きる場所を深く掘ることによって、彼方へと赴《おもむ》くことにほかならないからである。

たましいの糧

何を食べるかが、私たちの身体を形づくるように、どのような言葉にふれるかは、私たちの人生と人格に大きな影響を与える。

空腹を覚えた身体が食物を求めるように、飢えた心は言葉を求める。さらにいえば言葉とは、身体と心を包み込む、「たましい」と呼ばれてきたものの糧にほかならない。

このことを生涯語り続けたのが池田晶子だった。『あたりまえなことばかり』で彼女は言葉とは何かをめぐって、次のような鮮烈な一節を残している。

死の床にある人、絶望の底にある人を救うことができるのは、医療ではなくて言葉である。宗教でもなくて、言葉である。

（池田晶子『あたりまえなことばかり』トランスビュー）

耐えがたい苦しみにあるとき、私たちが探さねばならないのは、安易な慰めや気休めよりも、一つの言葉である。絶望という暗闇にあって、ふたたび希望へと私たちを導くのは言葉である、とこの哲学者は考えている。

絶望とは希望を見失った状態である。だが、それは希望が失われたことを意味しない。言葉は、絶望という人生の暗闇にあって、進むべき道を照らし出す一条の光だというのである。

危機にあるとき、私たちはしばしば、自分が探さねばならないのが言葉であることを忘れている。それればかりか、言葉だけでは無力だと思い込むことさえある。池田晶子はそうした現代人の狭くなった生の視野のありように強く否《いな》を突きつける。

光だけでは生きていけない。しかし、光なしでは生きていくことはできない。そして、言葉がもたらす光は、私たちの外面ではなく、内面を照らす。自分のなかに何が眠っているのかを照射するのである。そして光は、私たちの実像だけでなく、生の実像をも明らかにする。

コロナ危機での生活とは、これまで以上に死を身近に感じる日々だといってよい。この未知なるウィルスは、自分だけでなく、私たちの大切な人たちの脅威になっている。言葉にしなくても、心の奥で死を感じた人は少なくないだろう。

だが、よく考えてみれば私たちはつねに、日々を死と隣り合わせに生きている。日ごろあまり意識しないが、人はつねに、生きつつあるとともに死につつある。日々、死に近づいているにもかかわらず人は、いかに生きるかばかりを考え、いかに死を迎えるかという問題を見過ごしている。

「死の床にある人、絶望の底にある人を救うことができるのは、医療ではなくて言葉である。宗教でもなくて、言葉である」。「死」に力点を置いて読むとき、この一節が、異なる光を放つのが分かるだろう。

死とは、身体が「たましい」へと移り変わっていく道程だといえるのかもしれない。そのとき、人がこれまで以上に真摯な態度で言葉を求めるのは、自然なことだ。ここで池田晶子が言葉をめぐって「救い」に言及していることも見過ごしてはならない。一つの言葉との出会いは、危機にある人を救い出すことがある、というのである。

そうした人生の一語を人は、誰かの本を読むときに発見することもある。だが、私たちはそれを自分で書くこともある。誰かに話しているとき、ふと、自分の口からもれだす、そうしたこともあるだろう。

糧がないのではない。それを私たちが見過ごすのである。

読めない本と時の神

かばんの大きさは、その旅に寄せている期待に比例する、という話をどこかで読んだことがある。私の場合、荷物全体には、必ずしも当てはまらないが、事が本になると頷《うなず》かざるを得ない。

旅行に限らず、仕事の出張の場合にもいえて、毎回、どう考えても読み終えられない本を詰め、わざわざ荷物を重くして出かけている。

さらに告白すると、私は旅で本を読み切ったことがなく、途中の本を読み継いだことも、ほとんどない。

これは、私だけの習性なのかも知れないのだが、旅に出かける前の気持ちとその道中、さらに旅を終えた心持ちには、大きくずれがあるのだろう。

だが、数年前から「読まない」という認識に大きな変化が起こった。「読み通す必要のない本」という区分が自分のなかで生まれたのである。何度も手にしているのだが、「読み通す」ことを自分に強いない本だ。

「読み通す必要のない本」の典型が歌集だ。句集、あるいは詩集でもよい。現代のひとの作品でもよいが、古いもの、古典と呼ばれるものも悪くない。私はしばしば旅に『古今和歌集』を持参する。

旅の友にするなら『古今和歌集』に限らず、古文の書物は現代語訳がついたものがよい。古文の響きに何かを感じることがあっても、一読して意味がはっきりしないことが少なくないからだ。

しかし和歌の場合、訳注はあくまでも基本線に過ぎない。本に記されている言葉を扉にして、その奥へと進むところに和歌を読む醍醐味がある。私たちは、専門家の訳注を補助線にしながら、もっと大胆《だいたん》に読んでよい。

和歌集は、冒頭から読む必要もない。私はいつも、そのとき開いたところから読み始める。

ロシアの作家ドストエフスキーは、日々、聖書をそのように読んでいたというが、日ごろは、あまり語ることのない時の神が、そっと語りかけてくれるような気がすることもある。『古今和歌集』の場合、言葉が、非日常的な時空の門となり、平安時代の風を感じる心地がすることも、めずらしくない。

旅は、古くから歌の契機だった。『古今和歌集』には、在原業平が詠んだ次の一首が収められている。原文に一字空《あ》けはないが、補った方が読みやすいだろう。

唐衣《からごろも》きつつなれにし　つましあれば　はるばるきぬる　たびをしぞ思ふ

（四一〇　高田祐彦訳注『新版 古今和歌集 現代語訳付き』角川ソフィア文庫）

ひらがなが多用されているのには理由がある。「つま」は、衣の「褄《つま》」、すなわち裾の端の部分であり、「妻」でもある。

「きつつ」は、衣を「着つつ」であると同時に旅の道を「来つつ」であり、「はるばるきぬる」も「着ぬる」であり「来ぬる」でもある。

中国大陸から来た衣を着て、旅に出た。旅も日数を重ねると褄も馴染んできた。遠くまで来たことを思うと、都に残してきた妻のことがしきりに思われる、というのである。

歌は、目で読むだけではもったいない。声に出して音読してみると味わいがまったく違う。書き写してみると、一段と心の深みに言葉が浸透していく。

いつからか、旅にノートをもっていくようになった。スケッチをするのではない。心を打つ歌を書き写すのである。その歌によって湧き出てきた詩を書くこともある。

日本には古くから写経という文化がある。言葉は読むだけでなく、それを手で書いたとき、まったく新しい体験になる。

あまり詩歌に親しんでいないから、いきなり和歌集は難しいという人にすすめたいのは、大岡信の『折々のうた』である。

和歌、俳句、あるいは詩の一節を引用し、そこに二百字ほどの文章が添えてある。

こうした文章を大岡は、生涯に十九巻、およそ七千編書いた。ここには古今東西の名句が引かれていて、どこから読んでもよい。旅に出るときしばしば、無造作に選んだ『折々のうた』をかばんに入れる。

この本を読むときも私は、時のえらびにまかせ、今日は何に出会えるのか、と楽しみにページを開くのである。

無常の奥に潜むもの

死を遠くに感じるのではなく、死に直面しながら生きる。そうした人間が発見するのが無常という人生の相貌《かお》だ。

無常という言葉は仏教に源《みなもと》をもつ。それは「常なるもの」――すなわち永遠なるもの――を見失った私たちの日常を示している。

仏教では「無」の一語で肯定とも否定ともいえない、しかし、避けることができない状況を表現する。無心、無我、無明《むみょう》という言葉もある。

無明は、仏からの明かり――すなわち光――なく、暗い、迷いの道を歩くさまを意味する。

一見すると救いのないような状態にも見えるが、よく考えてみると、「明かり」を見失っているのは人間で、「明かり」が無くなったわけではないことが分かってくる。無明とは、「明かり」を求めずにはいられない私たちの生のありようを示す言葉でもある。

同様のことは「無常」にもいえる。「常なるもの」が無くなったのではない。それを感じることができなくなっているだけだ。

無常は、日本古典文学の核となる主題だといってよい。「祇園精舎《ぎおんしょうじゃ》の鐘の声、諸《しょ》行《ぎょう》無常《むじょう》の響《ひびき》あり」。よく知られた『平家物語』の冒頭にある一節である。

世のもろもろの現象はすべて無常であると、祇園精舎の鐘の音が教えてくれる、というのである。

「祇園精舎」とは、ブッダ存命のとき、彼の教えに打たれた者が寄進した寺院のことで、ここに病身の僧たちを看取る「無常堂」という場所があった。僧が亡くなると「その四隅の玻璃《はり》と白銀の八つの鐘が自然に鳴って諸行無常の偈《げ》を示しその苦を和らげたという」と梶原正昭・山下宏明が『平家物語』の校注に記している。「玻璃」は水晶のことで、「偈」は「うた」とも読む。鐘の音が言葉を超えたコトバとなって、人の胸の奥へと呼びかけたというのである。現代人はどこに「四隅の玻璃と白銀の八つの鐘」を探せばよいのだろう。

さて、『平家物語』本文では先に引いた言葉のあとに次のような一節が続く。

娑羅双樹《しゃらそうじゅ》の花の色、盛者必衰《じょうしゃひっすい》のことわりをあらはす。奢《おご》れる人も久しからず、唯《ただ》春の夜の夢のごとし。

（『平家物語』梶原正昭・山下宏明校注、岩波文庫）

意訳すれば、「白く咲き、そして枯れていく娑羅双樹の花の色は、世にちからを誇る者たちも、必ず衰えのときをむかえる、という世のことわりを示している。奢る者の世は長くは続かない。それは春の夜の夢のような、過ぎゆく、はかないものに過ぎない」となる。

これらの言葉は、教科書などにもあって、じつによく知られている。だが、コロナ危機のなかでいっそう強く響いてきたのは、その数行先に記されている次のような一節だった。

……是等《これら》は皆旧主先皇《きゅうしゅせんこう》の政《まつりごと》にも従はず、楽《たのし》みをきはめ、諫《いさめ》をも思ひいれず、天下の乱れむ事をさとらずして、民間の愁《うれう》る所を知らざッしかば、久しからずして、亡《ぼう》じにし者ども也《なり》。

（前掲書）

「これらの人々は、かつての主君、皇帝の時代の政治に抗い、快楽を極め、近しい者たちが諫める声も聞き入れることもなかった。世が混乱に陥っているという現実も理解せず、人々の愁いを知ることもなかった。その結果、ほどなく滅亡していった者たちである」

『平家物語』に刻まれた歴史の証言は、今もけっして古くなっていない。歴史の叡知が今も生きているなら「奢れる人も久しからず」ということわりを私たちもまた信じてよいのだろう。

しかし、私たちは「無常」なるものをひたすら追い求めた人々の行く末を気にするだけでなく、その奥にある「常なるもの」を見失うことがあってはならない。常なるもの、すなわち、永遠なるものの異名である。

読書の効用

禁欲的かつ厳格な生を意味するストイック（stoic）という言葉はギリシア・ローマ哲学の一派、ストア派に由来する。ストア派の哲学者たちは、もともとストイックだったわけではない。むしろ、自分の弱さや至らなさを強く認識し、ストイックになる必要を感じ、それを思索と行動の両面で試みた人たちだった。

彼らはそれを提唱した、というよりも独語するように言葉にした。ローマ五賢帝のひとりで哲人皇帝と称されたマルクス・アウレリウス『自省録』は、そもそも誰かに読んでもらうためのものではなかった。将来の自分を読み手に据えた、独白だった。暴君ネロに仕えたセネカ――ローマ時代、皇帝の近くには必ず哲学者がいた――もストア派の代表的な哲学者の一人だが、彼は自分が生きたことを書いたというより、生きねばならないと強く感じた理想を書いたのだった。

こうしたことを観念的だとか空想的だといってはならない。その著作を読めばすぐに分かるように、彼らにとって哲学とは、叡知のちからを借りた祈りのようなものだった。

ソクラテス以来、対話は哲学の基盤である。ソクラテスはさまざまな場所で、人をつかまえて文字通りの意味での対話をしていたが、それをすべての人が真似できるわけではない。

いつしか人は、本を「読む」という営みを通じて対話するようになった。『生の短さについて』でセネカは、「読む」ことをめぐって次のような言葉を残している。

こうした世間的な義務ではなく、人間的な真の義務に携《たずさ》わっていると考えるべきなのは、日々ゼーノーンやピュータゴラースに、あるいは、デーモクリトスやその他のよき学芸の祭司たち、アリストテレースやテオプラストスに親炙《しんしゃ》する人々である。彼らの中には、時間がないからといって会ってくれないような人は一人もいないし、自分のもとを訪れた者をより幸福にし、より自己を愛する人間にして送り出さないような人は一人もいない。訪れた者が何人《なんびと》であれ、手ぶらで去らせるような人は一人もいない。誰もが、常住坐臥《じょうじゅうざが》、彼らと出会うことができるのである。

（セネカ『生の短さについて 他二篇』大西英文訳、岩波文庫）

ゼノン、ピュタゴラス、デモクリトスは、「ソクラテス以前の哲学者」と呼ばれる哲人たち、アリストテレスはプラトンの高弟であり、皇帝アレクサンドロスの教師、テオプラストスは『植物誌』で知られる博物学者。読書とは、こうした人たちと時間を気にせず対話可能な地平だというのである。

だが、誰と対話をするのかは慎重に選ばなくてはならない。すなわち、そのときの自分にとって「よき書物」と出会うことが重要になってくる。

良書と呼ぶべき本は確かに存在する。ただ、それが、誰にとってもよい本という意味であるなら、その存在は危うい。

たとえば世に聖典と呼ばれるような書物さえ、いつでも、誰にとってもよいものであるとはいえない。それはときに危険な本にもなる。

良書とは、どこかに存在するものではなく、本とその人の良き出会いが成就したとき生まれるものなのだろう。良書はときに、人生の一冊と呼ぶべきものにすらなる。

ただ、このことを実現するには、複数の出来事が織りなすように起こらねばならない。良書誕生の条件があるのである。

一つ目は、その人のなかで出会うための準備ができていること。
二つ目は、その本が読む者の変化に耐えうること。
三つ目は、出会うべき時に出会っていること。
四つ目は、再読する必要を感じること、すなわち、読み終わらない本であること。

人における準備とは、その人が真に求めていることにほかならない。真にとは、ある種の飢えのようなものだともいえる。あってもなくてもよいのではなく、何かがなくてはならないというような切なる気持ちが出会いを準備する。

しばしば起こるのは、自分が探しているのが言葉であることに気が付かないということう現象だ。心の奥では言葉を求めている。しかし、表層意識は情報や知識を探す。情報や知識も言葉ではないかというかもしれない。だが、ここでいう言葉と情報や知識には決定的な違いがある。情報や知識にも中身はある。最近の表現でいえばコンテンツはある。だが、情報や知識には言葉にはある「姿」がないのである。

「姿は似せ難く、意は似せやすし」と国学者の本居宣長《もとおりのりなが》は書いた。そのときにだけ顕現する言葉の姿は、模倣したり、再現することはできない。しかし、似たことをいうのはむずかしくない、というのである。

二つ目の問題は、深まる人生経験のなかで、持続的な対話の相手になるのでなければ人生の一冊と呼ぶに値しないということである。

読み手の精神が深化する。それに呼応するように意味の深みが開示されていく、そうした書物がこの世には存在する。それらは月日を重ねるうちに古典と呼ばれるようになる。

三つ目は、「時機」という問題である。

人だけでなく、本にもめぐり逢うべき時節がある。昨日でもなく、明日でもなく、今日だから出会えたという手応えがあるとき、その本は、長くその人に寄り添うことがある。あるいは、読み始めて数日が経ち、あるひと言を契機にその本が急に近くに感じられる、ということもあるだろう。

人は何かを行う「時期」は自分で決められる。だが、「時機」を決めることはできない。「時期」は暦通りにやってくる。だが、「時機」はその訪れを予期できない。

四つ目は、大切な人との対話が一度では終わらないように、「読む」という対話もしばしば反復を求められるということである。

再読の機会がいつ訪れるかは分からない。だが、一度読まなければ——たとえそれが途中であったとしても——再読は始まらない。こうした本は「読み終わらない本」のように感じられる。

一度だけの面会だが、忘れがたいという人もいる。だが、その場合、面会は一回でも、その出会いが、かけがえのないものであれば、内面での対話は続くだろう。書物にも同じことが起きる。一度しか読んでいない。でもその書物から得た問いは、それ以後の生涯を貫いている、ということもあるだろう。

だからこそ、人に本を勧めるのはむずかしい。そこには人に人を紹介するのと同質の困難がつきまとう。特にその人が、己れの深みを照らす言葉との出会いを希求しているときはそうだ。「時機」を見通すことが容易ではないのである。

人との出会いでも誰に出会ったのかが話題になるが、じつはそれがいつ起こったのかということは、誰にということに劣らない重要な問題なのである。

今日であれば、月並みなあいさつで終わる。しかし明日なら邂逅というべき出来事になるはずだった。昨日であれば何もないようにその前を素通りしていた、というのが私たちの日常なのである。

言葉に飢える、という表現がある。たしかに言葉は心を潤す。危機にあるとき人は、些細な一言によって、消えそうだったいのちの炎をよみがえらせることさえある。

また、言葉は非常食のような役割を果たすこともある。人は日ごろ、その存在にほとんど気を配らない。だが、危機のときそれが命綱になるのである。

良知のひかり

陽明学の祖である王陽明は、人間の根底には「良知」と呼ばれるものがあり、このことといかにつながることができるかによって、私たちの人生は大きく変わるといった。ただ、良知という言葉は王陽明の創意ではなく、すでに『孟子』にある。王陽明はそれをよみがえらせたのである。山田準の『陽明学講話』では次のような読み下し文が引かれている。

人の学ばずして而《しこう》して能《よ》くする所の者はその良能《りょうのう》なり、慮《おもんぱか》らずして而して知る所のものはその良知なり。

（山田準『陽明学講話』明徳出版社）

人間が、学ばずともそのはたらきをよく発揮できるのは良能である。そして、深慮することなく、知ることができるのが良知である。

通常の『孟子』の訳を見ると、良能・良知は同じはたらきの二つの側面のようになっているが、王陽明は、良知に絶対的な優位を与えた。良知こそが、人間の生を司《つかさど》るものだというのである。だが、王陽明の良知論はそこでは止まらない。次に引く一節の出典は『文録』で、読みは山田準による。

心の良知これを聖と謂《い》ふ。聖人の学、ただこれこの良知を致すのみ。

（前掲書）

良知の心、これこそが聖なるものである。聖人の学とは良知を究めることにほかならない。良知とは社会的な善悪をこえる聖なるものとして万人のなかに内在している、と王陽明は考えた。「考えた」というより、それが彼への啓示だったといったほうがよいのかもしれない。

陽明学の始まりは『大学』の旧本を聖典とするところから始まった。それは朱子によって整えられた四書五経を取らず、異なる道を行くことを意味した。朱子学派とのあいだで衝突が生じるのは当然だった。王陽明の言葉の多くは弟子徐愛が残した言行録『伝習録』によって伝えられる。その本文は次のような記述から始まる。

先生は大学の格物の諸説に於て、悉《ことごと》く旧本を以て正と為す。蓋《けだ》し先儒の所謂《いわゆる》誤本なる者なり。

（『伝習録』山田準・鈴木直治訳注、岩波文庫）

王陽明先生は、『大学』で説かれている「格物」をめぐる諸説において、ことごとく、旧本をもって正統なるものとした。それは世の儒者たちがいう「誤本」と呼ばれるものだった、と徐愛はいう。

「格物」とは「物」を「格す」こと。ここでいう「物」とは、あらゆる事象のことで、「格す」とはそれを見極めようとすることである。だが、陽明学では「格す」を「正《ただ》す」と読み、それは「正しくないものを正して直してゆくことだ」と山田準は書いている。

それは自分が見たものをいたずらに真実だと信じて、それを他者に押し付けることではない。世界のありようを傍観するだけでなく、そこに主体的に参与することではじめて見えてくる真実がある。そのことを王陽明は見過ごさなかった。外から眺めるのではなく、内からそれを生きようとするとき、私たちのなかに眠る「良知」が語り始める。

王陽明が説く「良知」は、イエスの使徒となったパウロが「ガラテヤの人々への手紙」で「生きているのは、もはやわたしではなく、キリストこそわたしのうちに生きておられるのです」（2・20）と語る、生けるキリストを想起させる。

ここでパウロを引き合いに出したのにも理由がある。陽明学とキリスト教のあいだには単なる類似を超えた、著しい霊性の共振がある。その結晶のような人物が内村鑑三だ。彼の若き日の著作『代表的日本人』で西郷隆盛、中江藤樹という陽明学に強い影響を受けた人物が取り上げられているのも偶然ではない。内村の父は、高崎藩きっての儒者だった。

良知と並んで、陽明学を象徴するものとして語られるのが知行合一である。「知る」ことはすなわち「行う」ことである、というよりも、真に知るとは「行い」、すなわち生きることそのものに不可避的な影響を与える、というのだろう。

現代人は多く「知る」ことを求める。「知る」以上のことに与《くみ》することで、自分の人生が大きく変えられることを怖れてもいる。だが、私たちが古典と真に出会うとき、必ずといってよいほど精神の変革が起こる。

誰が決めたのかは知らないが、古典とは刊行から百年を超えたものを呼ぶという話を聞いたことがある。だが、そこに至らなくても、百年後にも読まれ続けるであろうことが容易に想像できる著作を新古典と呼ぶ。new classicsという英語の翻訳なのかもしれない。

知行合一に極めて近似した言葉が、新古典というべきヴィクトール・フランクルの『夜と霧』に記されている。この本は、二十世紀に書かれた思想書のなかでもっとも多く読まれたものの一つだといわれる。

フランクルは、ユダヤ人の精神科医だった。結婚して九ヵ月後、彼はナチス・ドイツによるユダヤ人の強制収容所に入れられる。妻も一緒だった。強制収容所を転々とするなか、妻とは途中で別れることになり、その後は会うことはなかった。妻は亡くなったのである。

『夜と霧』は、フランクルが強制収容所で経験したことあるいは、そのとき彼の心中をかけめぐったことが記された熾烈《しれつ》な告白だといってよい。この本で彼は、「必要なのは、生きる意味についての問いを百八十度方向転換することだ」と述べたあと、こう記している。

わたしたちが生きることからなにを期待するかではなく、むしろひたすら、生きることがわたしたちからなにを期待しているかが問題なのだ、ということを学び、絶望している人間に伝えねばならない。哲学用語を使えば、コペルニクス的転回が必要なのであり、もういいかげん、生きることの意味を問うことをやめ、わたしたち自身が問いの前に立っていることを思い知るべきなのだ。生きることは日々、そして時々刻々、問いかけてくる。わたしたちはその問いに答えを迫られている。考えこんだり言辞を弄することによってではなく、ひとえに行動によって、適切な態度によって、正しい答えは出される。

（ヴィクトール・E・フランクル『夜と霧 新版』池田香代子訳、みすず書房）

強制労働と不条理な弾圧、そして仲間たちの強いられる死のなかでフランクルは、生きる意味における劇的な転換を経験する。人が人生に何を期待するのかを考えるのではなく、人生に何を問われているのかを見つめることに問題があるというのである。

さらにフランクルは、自分で生きる意味を認識するだけでは十分ではない。そこでかいま見た真実を「絶望している人間に伝えねばならない」と書く。絶望の中で光を視た者こそ、絶望にある人のもっともよき導き手になるというのだろう。

これは本当だ。知行合一が自己のためだけに展開されるなら、その先にあるものも私だけのためのものかもしれない。だが、それが他者に開かれたかたちで行われるとき、知と行を加算したものに留まらない、確かな創造のちからをもって顕現する。

そのちからが切り拓くのは、個々人の人生だけではない。未来にやってくる未知なる者たちを照らす光の窓にもなるのである。

これを疑うことはできない。現に今、私たちは王陽明やフランクルが放った言葉の光に、自分の立つ場所を照らし出されているではないか。

十読は一写に如《し》かず

もう十年ほど前になる。友人に誘われてヨガに行った。書いてばかりいる生活で、体が固まっているのを見かねて声をかけてくれたのである。

最初の教室で、ヨガの先生が指摘したのは、体が硬いことよりも――それは自明なことだった――呼吸が浅いという問題だった。

「ちゃんと吐けていないようですね。深く吐かないと深く吸えません。まず、吐くことから始めましょう」

当時の私にとって呼吸とは、いかに深く吸うかということであり、「吐く」ことの重みはあまり感じられていなかった。だが、よく考えてみれば当然で、空になったコップでなければ、十分に水を注ぐことはできない。

まず、吐き切ることが課題になった。やってみると容易ではない。つまり、時間をかけてゆっくり吐き、同様に吸うのである。これを肺だけでやってもうまくいかない。ヨガの先生の表現を借りれば、指の先まで息が沁《し》みわたるように呼吸ができなければならない。

今はもうヨガには通っていない。専門家から見れば、今も私の呼吸は浅いのだろうが、かつてのようではない。仕事や心配事でこころが乱れることがあっても、まず、呼吸を整えるようになった。

ヨガに通い始める前は、自分の体が硬くなっているという現実に気が付けなかった。それが日常化していたのである。

今も身体は硬いが、当時よりは格段によくなった。まず、硬くなりつつあることが分かる。分かれば対処ができる。

食事や入浴、あるいは散歩など、さまざまな習慣があるが、呼吸ほど頻繁に行われる営みはない。人は、寝ているときですら呼吸をしている。

呼吸に変化が生じてくると生活にも違いが出てくる。世の中ではさまざまなことが呼吸的に行われていることが分かってくる。

たとえば、話すという行為も呼吸の深度によって性質が変わってくる。独りで話すことを独話という。誰かと言葉を交わすことを会話という。そして、深いところでつながりながら言葉や経験の深みを探るのが対話だ。

どんなに多く言葉を交わしても、互いの呼吸が合わなければ会話に留まり、対話にはならない。対話は、互いに呼吸の共鳴から始まる。

考えが浅いまま独話する。人はすぐに行き詰まる。袋小路に入って出られなくなり、愚かなことを思い込むことすらある。浅い独話は危険ですらある。

奇妙なもので、会話は、互いが一方的に話していてもどうにか成り立つのである。ときおり、カフェなどで原稿を書いていると、隣の人の声がどうしても耳に入ってくる。大きな声で、楽しそうに話しているのだが、よく聞いてみるとそれぞれが好きなことを話しているだけで、接点がほとんどない場合が少なくない。相手が受け止めていようがいまいが関係なく、ひたすら近況を話している。

こうしたことをどんなに繰り返しても、けっして対話にはならない。対話は、話者が自分の言いたいことを話したときに始まるのではなく、相手の「おもい」を受け止めたところに始まる。

「おもい」とひらがなで書いたのは、対話が始まるとき、私たちが受容しなくてはならないのは、言葉にできる「思い」や「想い」だけでなく、その人の心の深いところにあって、本人すらその全貌を知らない「念《おも》い」が、おぼろげながらにでも感じられなくてはならないからである。対話において人が、どうにかして相手に伝えたいと願うのは、言葉になる事象よりも、むしろ、言葉にならない「念い」なのではあるまいか。

近代哲学の方向性を決定したとされるデカルトが、読書をめぐって、次のように興味深いことを述べている。

すべて良書を読むことは、著者である過去の世紀の一流の人びとと親しく語り合うようなもので、しかもその会話は、かれらの思想の最上のものだけを見せてくれる、入念な準備のなされたものだ。

（デカルト『方法序説』谷川多佳子訳、岩波文庫）

「親しく語り合う」と記されているように、ここでは「会話」と訳されているが、その本質的意味は、先に述べた「対話」であることが分かる。

デカルトは、「読む」という営みも対話的に行われなくてはならない、と考えている。相手が語ることを受け止めるだけでなく、その言葉を受けて自らの内面で生起したことを声によって「語る」のとは別の方法で、過去の賢者に送り届けなくてはならない、というのである。

それは「書く」ことにほかならない。デカルトは多くの本を読んだが、何よりも深く読んだ人だった。そして、その経験に呼応するように深く書いた人だった。

「読む」と「書く」はまさに、呼吸のような関係にある。「読む」は言葉を吸うこと、そして「書く」は吐くことに似ている。「読む」あるいは「書く」という営みは、世に言われているよりもずっと身体を使う。「あたま」だけでなく、心身の両面を含んだ「からだ」の仕事なのである。

さらにいえば、深く読むために多く本を読んでもあまりうまくいかない。それでは吸ってばかりいることになる。

書くことにおいても同じで、深く書きたいと思って、多く書いてもあまり功を奏さない。深く「読む」ためには深く「書く」必要がある。

「読む」を鍛錬するのは「書く」で、「書く」を鍛えるのは「読む」なのである。「読む」と「書く」を有機的につなぐことができれば言葉の経験はまったく変わる。それを実現する、もっとも簡単な行為は、心動かされた文章を書き写すことなのである。

本に線を引くだけでなく、その一節をノートなどに書き記す。じつに素樸《そぼく》な行為だが手応えは驚くほど確かだ。

「十読は一写に如かず」ということわざもある。一度書き写す、それは十回の読書に勝る経験になる、というのである。

近代以前の日本では、多くの人にとって、本を読むとは、持っている人から借りて、それを書き写すことだった。「読む」と「書く」を同時に行うことによって初めて、「読む」という行為が始まる。それが常識だった。

昔の人のように一冊全部を書き写すということがなかったとしても、一篇の詩を書くことから始めてみるのがよいのかもしれない。最近、私が書いたのはインドの詩人タゴールの詩集『ギタンジャリ』――彼はこの詩集で、アジアで最初のノーベル文学賞を受賞した――にある一節だ。

わたしが地上を去るとき、別れのことばに　こう言って逝《ゆ》かせてください――
「この世でわたしが見てきたもの、それはたぐいなくすばらしいものでした」と。
「光の海に咲きほこる　この蓮華《はな》の秘められた蜜の甘さを　わたしは味わった、
こうしてわたしは祝福されたのです」――これを　わたしの別れのことばにさせてください。

（ラビンドラナート・タゴール『ギタンジャリ』森本達雄訳、第三文明社）

この詩集はもともと、タゴールの母語、ベンガル語で書かれた。それをタゴール自身が英訳したものが、アイルランドの詩人イェイツの手に渡り、文字通りの激賞を受け、タゴールの言葉は一気に世界へと広がった。

このとき、タゴールは五十二歳だった。彼は八十歳まで生きるのだが、死はいつも彼の傍らにあった。彼にとって詩とは、この詩集で「あなた」と呼びかける「神」への手紙だった。そして死とは、神のくにに帰ることにほかならなかったのである。

内なる世界への道標《みちしるべ》

本屋にうずたかく積まれている本は、まだ本のままで「書物」には成《な》っていない。ある衝撃をもって人が、そこに書かれている言葉を受けとめたときに「本」は「書物」へと新生する。「物になる」とは、一人前になる、あるいは、その人自身になることを意味した。ある出来事が成就したときなどにも用いられる。

書物は読む人を「物」にする。そして多くの場合、その人にとっての「書物」は、けっして読み終えることのできない言葉の集積になる。

むしろ、読み終えることのできない「謎」を見いだしたとき人は、「本」の次元から「書物」の次元への移行を経験するというべきなのかもしれない。私にとって『ユング自伝』は、まさにそうした一冊だった。

人生の晩節にあったユングは、没後の刊行を条件にこの自伝を語り下ろした。高弟のアニエラ・ヤッフェが編纂した。この本でユングは幼少期からフロイトとの出会いと訣別《けつべつ》、二つの世界大戦をへて、死に至るまで、その内面の記録をなまなましい言葉によって物語っている。

この本を読むきっかけは、小林秀雄の未刊——没後に刊行される——の絶筆だった。「正宗白鳥の作について」と題する作品だが、その終わりは『ユング自伝』をめぐって書かれていた。小林秀雄のユングへの関心の始まりは早く、そして深い。河合隼雄の『ユング心理学入門』が世に出る以前から、小林がユングに注目していた事実は記憶されてよい。

『ユング自伝』を最初に読んだ日のことを忘れることができない。この本によって私は、現実界が確固として存在しているように心の世界もまた実在することを知った。記された言葉を扉にしつつ、若く、確かな準備もないまま、不用意に「内界」

の空気を吸った私は、一年ほど、心の均衡を崩した。
ただ、その危機的経験から回復していく道程で、私は「書く」という営みとの関係を深めていくことになる。振り返ってみれば、それまでも自分の「つえ」になる言葉は、ときに自分で書くほかないことをおぼろげながらに感じはじめていたように思う。
この本でユングは、自分にとって「書く」とは何かをめぐって次のような印象的な言葉を残している。

すべての私の著作は私の内界から課せられたつとめであるとも考えられるだろう。つまり、それらの源泉は運命的な強迫である。私が書いたことは、私自身の内から襲ってきたことである。私は私に話させようとする精神《スピリット》を許容した。

（ヤッフェ編『ユング自伝 2』河合隼雄・藤縄昭・出井淑子訳、みすず書房）

この一節に私たちは、近代的精神の常識を超えた、高次の「無私」の告白を見てよい。「書く」とは自己表現に終わらない。不可視な他者との協同にほかならない、というのである。

真に創造的な営みは、自己の内面を超えた場所からの働きかけがなくては起こらない。そう感じたのはユングだけではなかった。リルケは『ドゥイノの悲歌』で、詩を書くとは天使と死者とともに働くことだと述べているが、この詩人の実感も、先のユングの告白と深く共振するだろう。リルケは天使に応答するときは、「素朴なもの」によって応えねばならない、という。

天使にはただ素朴なものを示せ。世代から世代にわたって形成され、
われわれのものとして手に触《ふ》れ、まなざしを注がれて生きている素朴なものを。
天使に物たちを語れ。そのほうがより多く天使の驚歎を誘うだろう、かつてお
　まえが
ローマの綱つくりを見て、またナイルのほとりの陶工を見て驚歎したように。
天使に示せ、ひとつの物がいかに幸福に、いかに無垢に、そしていかにわれわ

れの所有になりうるかを。

（リルケ『ドゥイノの悲歌』手塚富雄訳、岩波文庫）

ここでいう「物」に言葉が含まれるのはいうまでもない。だからこそ、リルケはおよそ十年の歳月を費やして『ドゥイノの悲歌』を書き、天使の促しに答えたのである。

こうしたことは彼らのような天才においてのみ生起するわけではない。むしろ、誰の身にも、それも日常的に起こっている。しかし、この世に遍在する万有引力の法則の発見にも十七世紀までの歳月とニュートンという天才が必要だったように、「書く」ことの公理が理解されるためにも幾多の天才の証言を要するだけだ。ユングは『自伝』で自分の人生を変えた出会いをめぐって、こう振り返っている。

私の生涯のうちで最もすばらしくかつ有意義な会話は、無名の人々との会話であった。

（ヤッフェ編『ユング自伝 1』河合隼雄・藤縄昭・出井淑子訳、みすず書房）

多くの人は、自らが、さまざまな営みを通じて叡知の芳香を世に振りまいているのを知らない。そして、そうした芳香が私たちの日常に広がっていることも見過ごされている。

ユングの異能は、博識や哲学的洞察にあるよりも、真に重んじるべきものは、民衆の日常に眠っているという厳粛な事実をけっして見失わなかった慧眼《けいがん》にこそあるのだろう。

たましいの反抗

危機のとき、人は全身で生きようとする。当然ながら、こうしたときは「あたま」にだけ呼びかけるような言葉には強い抵抗を感じる。心の痛みを無視した言説が受け入れ難くなる。身体的な生命を包む「いのち」が見過ごされているように感じるのかもしれない。

だが、今、昨今の危機のとき、私たちの「情」や「いのち」を無視した言葉が、四方八方から舞い込んでくることはなかっただろうか。

この数年間、心のどこかにウィリアム・ブレイク（一七五七〜一八二七）がいる。詩人であり、画家、そして何よりも神秘家でもあった彼をめぐって考えようとするとき、残された言葉や描かれた絵を見ているだけでは十分ではない。彼が感じていた、もう一つの世界を自分もまた感じていなくてはならない。

彼が生きた世界を私が追体験する、というよりも、私自身が自己の経験としてそれを深めて見なくてはならない。

あるときブレイクは知人に、自分の作品がどのように生まれてくるかをめぐってこう語ったという。

> 私はそれ等の作品を私のものだと呼ぶが、然《しか》し彼等が私のものでない事をも知つてゐる。丁度ミルトンが、曙が東の空を紫に染める頃、美神が彼の眠りを訪れ、彼を目覚まし、彼に歌を作らせたと云つたのと同じ心である。
>
> （「ブレークの言葉」柳宗悦訳『柳宗悦全集　第五巻』筑摩書房）

柳宗悦は、哲学者であり、民藝運動を牽引《けんいん》した人物だが、それ以前に傑出した批評家だった。日本でブレイクの評伝を書いた最初の人であり、実存的経験に裏打ちされた言葉でこの詩人を内側から論じ得た稀有なる人物だった。ブレイク伝やそれにまつわる論考は、彼の初期を代表する作品だといってよい。

『失楽園』の作者ミルトンにとってだけでなく、ブレイクにも、あるいはリルケやユングにとっても「書く」という創造の営みは、自己の努力だけで行われ得るものではなかった。それは現実の他者と、不可視な他者たちとの協同の営みだった。その関係における信頼が深ければ深いだけ、彼らがそれを「自分」の作品であると主張するのにためらいを覚えるのは自然なことだろう。

ブレイク研究の泰斗《たいと》キャスリーン・レインの『ブレイクと古代』（吉村正和訳）を読んでいたら、現代の言説の在り方を根底から覆《くつがえ》すような言葉に出会った。レインはブレイクの研究者であり、アイルランドの国民詩人――ノーベル文学賞も受賞している――W・B・イエイツ（一八六五～一九三九）の研究者でもある。レインはイエイツを「ブレイクの最大の弟子であり、彼の秘教的な『体系』の最初の註釈者」であるといい、「世界では、魂が知性に反抗して立ちあがるときが始まっている」という言葉を引いている。

生没年から分かるようにレインがここでいう「弟子」は、読書の地平における師弟関係をいう。読書の世界の深みでは、時代の齟齬《そご》は問題にならないことはセネカやデカルトの言葉にある通りだ。

もちろん、イェイツが考えているのは——レインもまた——俗にいう反知性主義のようなものではない。西洋古代と東洋の思想にも通じていた二人は、「知性」——ラテン語のintelligentia——の原意が、感覚的なものの彼方にあるものを認識することであることを知りながら、「たましい」を忘れた現代の知性（intellect）に反旗を翻《ひるがえ》したのである。

知のはたらきを無視するのは愚劣である。だが、知の力だけで生きていこうとするのも拙劣だというのだろう。

ある意味で現代は、知性と反知性がともに暴走している時代だ。イェイツは、その狭間《はざま》を行こうとした。東洋の言葉でいえば、真の意味での中庸の道を歩こうとしているのである。

生きるとは「透明な軌道」を進むことだと宮澤賢治は詩に書いたことがある（「小岩井農場」『宮沢賢治詩集』新潮文庫）。

賢治がいう「軌道」とイェイツが歩こうとした道は、同質のものだ。人は誰も同じ道を歩くことはできない。そして、その道は自分以外の誰にも見えない「透明」なものなのである。

不可視な道を照らせるのは叡知の言葉、より精確には叡知のコトバである。コトバが燈火《ともしび》になる。さらにいえばコトバだけが燈火たり得る。

どんなに多くの金銭もあるいは権力も、道の固有性を前にしたときには無力に等しい。そう考えているとき、どこからともなく心に浮かんできたのは、ローマ五賢帝の一人であり、ストア派の哲人でもあったマルクス・アウレリウスの『自省録』にある一節である。

もっとも高貴な人生を生きるに必要な力は魂の中にそなわっている。ただしそれはどうでもいい事柄にたいして無関心であることを条件とする。

（マルクス・アウレーリウス『自省録』神谷美恵子訳、岩波文庫）

叡知は、すでに万人に内在している。だが、それを開花させるには、「どうでもいい事柄」を見過ごすことが条件になる。この哲人皇帝がいう「どうでもいい事柄」とは、己れの利益だけにとらわれることにほかならない。魂は、無私の精神という土壌においてこそ開花する、というのである。

別ないい方をすれば、叡知は、利己を含む土には根付かない。そこには利他という養分が不可欠なのだろう。

現代の知性は、必ずしも利他と結びつくとは限らない。いつも競争にさらされているからだ。他者から抜きん出るために知を磨くということが、どこかで推奨されている。空想ではない。それが大学の教壇に立って、ほどなく覚えた違和感だった。大学とは入試を最後に競争という「競技場」から、ユングの言葉を借りれば個別化（individuation）という地平に出るために学ぶ場だと思っていた。

だが、現実は違う。方法の違う「競争」の号令がどこからともなく響いてくるのである。

知能指数が高いことと、真の知性が開花していることとはまったく異なる。真の知性はむしろ、知性を超えるものに向かって開かれている。シモーヌ・ヴェイユは断章集『重力と恩寵』でこう記している。

わたしたちは、知性でとらえられないものの方が、知性でとらえられるものよりもずっと実在的であることを、知性のおかげで知っている。

（シモーヌ・ヴェイユ『重力と恩寵』田辺保訳、ちくま学芸文庫）

知性のはたらきとは、この世界には知性ではとらえきれない何かがあることを認識させてくれることにある。そして、人知を超えたものを忘れた貧しい知性こそ、取り返しのつかない愚行へと人間を導く、とヴェイユは考えている。

「性」の原意は、あるものの「はたらき」あるいは「ちから」を意味する。知性とは「知」のはたらき、理性とは「理」を生きるちからだといえるだろう。感性は「感《うご》く」何かを認識するはたらき、そして、霊性は、超越的実在を感じるちからだ。知性は、いつも理性、感性、霊性とともにある。ともにあるとき、知性は真の意味で知性たり得る。それは、信頼する人の近くにいるとき、「私」が素顔の「わたし」でいられるのに似ている。

これが自分だと思っている自我を超え、不可知な自己に向かって開かれて行こうとすること、それが学ぶことの意味である。そうでなければ、人は、学べば学ぶほど閉ざされていくことになる。ユングが語っているように「自己」とは、身体的存在としての「私」を意味しない。時空的にも存在的にもさまざまな他者――人だけでなく、自然、そしてあらゆる生類《しょうるい》と死者を含み――と共にある「わたし」の実在を確かめること、それが知性の役割なのではないだろうか。

たましいのちから

深層心理学者の河合隼雄の著作をめぐって、数年来、講座を続けている。一冊の本を一年、あるいは短くても半年ほどの時間をかけて読む。

『ユング心理学入門』や『昔話と日本人の心』『明恵 夢を生きる』といった主著だけでなく、『生と死の接点』のような、あまり論じられることはないが、彼の思想の核というべきものがあらわになっている著作を急がずに、前に進むようにではなく、大地を掘り下げるように読むのである。

こうした読書を一人で行うこともできるが、現実には難しい。読み進めてしまうのである。

聴講してくれる人々がいることで、自分だけが分かるという認識からもう一歩広いところに足を踏み出すことが求められる。容易に言葉にならない感動をどうにかしてその場で分かち合おうとするのであるから、そこに一人の読書とは別種の営みが必要になる。

さらに私の場合、講座は準備したようにはほとんど進まない。その場にいる人たちとの協奏曲になる。だからこそ、「ソロ」で「演奏」するときよりも、いっそう慎重に準備をしなくてはならない。そのままに語るためでなく、自由に語るために、である。

「自由」という日本語の文字は、英語のfreedomともlibertyとも異なる語感を持つ。もともと仏教の言葉だったが、明治以降の近代化のなかで「翻訳語」のような色彩を帯びてきた。

詳しい由来は知らないが、道元の『正法眼蔵《しょうぼうげんぞう》』の「仏性」の章にも『広燈録』からの引用で「福智自由なり」あるいは「去住自由なり」という言葉が見える。ここでは何かの「礙《さまた》げ」がなく、本来の姿であることが意味されている。

自己に由《よ》るという意味での自由は、河合隼雄にとっても鍵となる言葉の一つだった。ある意味で彼にとっての心理療法とは、高次の意味での「自由」を実現する場だったといってよい。

彼の著作には、症状の治癒を望まないクライアントの話が出てくる。それとともに生きていくことが望みなのであって、世間的な意味での快癒を希望してはいない、というのである。殊に芸術家などの場合、世にいう症状が、その人物の創造性と不可分な関係にあることも少なくない。

自由とは、たましいとの関係に誠実であること、といえるのかもしれない。河合隼雄は魂ではなく「たましい」と書くことが多い。現代では「魂」という文字が、河合が考えている人間の自由の源泉ではなく、何か空想めいたものや邪《よこしま》なものを想起させるからである。

河合の『物語とふしぎ』には「たましい」をめぐる次のような言葉がある。彼は「たましいというのは、直接にちゃんと定義するなどということはできない。しかし、それは、死んだときにあちらに持っていけるものだ、などと考えてみることもできる」と書いた後、こう続けた。

「マッチ売りの少女」があちらに持っていったものと、地位や名誉や財産を沢山持っている人が、あちらに持っていくものと比較したらどうなるだろう。もちろん後者のような人は、立派な戒名を手に入れることが、最近では可能になった。その人が死んで閻魔《えんま》の前に立ち、立派な戒名を名乗るとして、閻魔さんの家来の鬼が「ふん、それがナンボのものよ」などと言っているところを想像してみるのも面白いことではある。

（河合隼雄『物語とふしぎ』岩波現代文庫）

「児童文学」は「子どもむけ」の文学ではなく、「子どものこころ」で書かれ、読まれねば本質が見えてこないものだと河合は語っているが、先の言葉をここに当てはめると「たましい」も、世にいう大人の目には映らないのかもしれない。

コロナ危機は、人類をほとんど不可避的に「たましい」の問題が日常化する地平へと誘《いざな》った。そうなれば当然、これまで見過ごしてきた「たましい」の飢え、渇きもまた、直視せざるを得なくなる。

先の一節を読み、渇き切ったのどが水を求めるように「マッチ売りの少女」を読んだ。アンデルセンの名作の一つで、幼い頃、絵本などで読んだ人も少なくないだろう。

かつて読んだときは、貧しい少女が、マッチの火の中にはかない願いが実現されたのを見つつ、ついに亡くなってしまう可哀想な物語だと思っていた。しかし、数十年を経た再読の実感は、幼い頃のそれとはまったく異なるものだった。次に引くのはこの作品の最後に置かれた一節である。

この物語に悲しみしか見ない者は、この世の深みに何があるのかを知らない、と河合はいうのである。

　朝になると、みすぼらしい服を着た少女がかべによりかかって、動かなくなっていました。ほほは青ざめていましたが、口もとは笑っていました。おおみそかの日に、少女は寒さのため死んでしまったのです。今日は一月一日、一年の一番初めの太陽が、一体の小さななきがらを照らしていました。少女は座ったまま、死んでかたくなっていて、その手の中に、マッチのもえかすの束がにぎりしめられていました。「この子は自分をあたためようとしたんだ……」と、人々は言いました。でも、少女がマッチでふしぎできれいなものを見たことも、おばあさんといっしょに新しい年をお祝いしに行ったことも、だれも知らないのです。だれも……

また、新しい一年が始まりました。

（「マッチ売りの少女」大久保ゆう訳、青空文庫）

この作品は、生者と死者の世界を貫く悲愛の物語にほかならない。世にはびこる格差と差別と偏見を前にした愛の勝利を描き出した秀作であり、悲しみの種子が、愛《かな》しみの花へと変貌していく物語の姿をした一篇の詩なのである。

この小さな童話が契機となって、外界だけを見ていた眼が内界に向かっても開かれていった。

その影響はそれにとどまらなかった。しばらくして、私は、初めての童話を書き上げた。

色読という次元

貪欲《どんよく》に本を読む。すると次に読むべき本はおのずと次々と明らかになる。学ぶとはそういうことだろう。だが、そうした試みは必ずしも、人生を変える本に出会うための道程とは限らない。

仏教では、経文を読むのに三つの「読み」があるという。口読、心読、色読である。口読は、口に出して称えること、心読は、心でというよりも「たましい」で読む、といった方がよい。

色読は、読んだことが実践される読みだと説明されることが多いが、それ以前に、全身全霊で「読む」という営みを生きることを指す、と考えてよいと思う。生活への反映は、その結果だともいえるからだ。

口読、心読はいつからか耳に入っていたが、色読という言葉は、ある著作を読むまで知らなかった。その著作は上原專祿《うえはらせんろく》の『クレタの壺 世界史像形成への試読』である。

上原專祿は西洋歴史研究の泰斗《たいと》であり、平和運動家でもあった。しかし、私にとっての上原は何よりも「血」でつむいだ死者論の作者だった。

医療事故の可能性が疑われるようなかたちで妻・利子を喪った彼は、『死者・生者日蓮認識への発想と視点』という著作を世に送り、死とは何かを観念的に考えることとは、まったく別な次元で、「死者と共に生きる」意味を切々と語った。この本の最初には次のような言葉が掲げられている。

われらと共存し共生し共闘する
妙利子の霊前にこの書を捧げる
(『上原專祿著作集16』評論社)

死者の不在を悲しまないのではない。その肉体と肉声にふれることのできない悲哀と悲痛を感じながら、不可視な実在としての死者とともに現代の悪と闘っていく、というのである。

『死者・生者』の刊行は一九七四年二月、『クレタの壺』の序は同年の九月の日付だから、そこに流れている精神は同質の律動を伴うと考えてよい。「死者と共に生きる」という座標軸はその後の上原の生活から無くなることはなかった。

『クレタの壺』は副題にあるとおり、「読む」ことによって作者がいかに自らの世界史像を形づくってきたかを語った随想集である。「色読」という言葉は、この本で幾度か印象的な姿をもって記されている。

たとえば、「『日蓮遺文』をどう読むか」における「色読」をめぐる記述で上原は、「日蓮遺文」を読む際の二つの罠というべきものを挙げている。

一つは「歴史的現実」から遊離して空想的に没入すること、そしてもう一つは、日蓮の生の軌跡を「傍観者的観察方法」によって見ることだという。日蓮の真実を知ろうとするとき、前者はあまりに無垢であり、後者はあまりに冷淡である、と述べ、こう続ける。

右に掲げた二つの難点を避けながら、「日蓮遺文」を読んでゆくことは、もとより容易なわざではありません。しかし、以上の二つの難点を避けつつ遺文を読んでゆくことの困難さより、さらにいっそうむつかしいのは、「日蓮遺文」の色読ということです。日蓮自身は、鎌倉時代の日本社会において『法華経』――とりわけ、その『常不軽菩薩品』――の色読を弟子・檀越たちに要請しました。色読とは、頭や心で読むだけではなく、『法華経』を全肉体で読み、行動的実践で読むことを意味するでしょう。それと同じように、「日蓮遺文」は、それが色読されることを、後世の日本人に要望しているように、私には考えられるのです。

(『上原專祿著作集17』評論社)

単に何かについて「知る」ための読書ではなく、真の意味で「生きる」ことにそのままつながっていく読書、すべての読書がそうである必要はない。だが、私たちは十年に一冊くらいの割合で、こうした本に出会ってもよい。

人はしばしば、読んだ言葉を薪にして、自らのいのちの火を燃やす。それはそれで意味深い経験だろう。だが、上原が語っているのは逆のことだ。読み手である私たちは、自らの身を投じて、叡知のともしびの伝達者にならねばならない、というのである。同じ本で上原はこう記している。

私が『日蓮遺文』を読むのではなく、『日蓮遺文』が私にそれを読ませるのである。

こうした出来事は、人が本を選ぶだけでなく、本が人を選ぶこともあるという、これまでも哲人たちが語ってきた不可思議な事象が、単なる比喩ではないことを教えてくれる。

苦しみの彼方

もう三十年ほど前のことになる。営業マンとして会社勤めをしていたときのことである。理由は忘れたが、深く思い詰めることがあって訪問先からの帰り道、直接事務所に戻らず、会社近くの書店に立ち寄った。

むかしは何かがあると書店に行った。考えてそうしたのではなく、ほとんど本能的にそうしていたと思う。

今から考えてみると少し奇妙な感じもするのだが、そのときは、見えない何かに押しつぶされそうな感じがしていた。出口のない迷路にいたように思っていたのだが、出口は「無い」のではなく、見えないだけだった。

当時の苦しみの実感はおぼろげに記憶に残っているが、何に苦しんでいたのかは記憶にない。

知命《ちめい》と呼ばれる年齢を過ぎて、ようやく分かってきたのだが、苦しみのうちの幾分かは、苦しみがあるというよりも、自分で苦しみの幻影のようなものを作り出し、それにおびえているのかもしれない。さらにいえば、影だからこそ、恐ろしいのだろう。

もちろん、私がこの「影」から自由になったわけではない。だが、今は「影」との向き合いかたを考えられるようにはなった。

このとき書店に立ち寄らなかったら、私の人生はゆるやかにだが、たしかに変わっていたように思う。何か強いちからに促されるようにしてある本を手にした。中世キリスト教の巨人アウグスティヌスの『告白』である。

彼の名前は知っていたが、真剣に読んだことはなかった。機会は前ぶれもなく訪れたのである。『告白』を読み、この聖人の生涯に関心を覚え、山田晶の『アウグスティヌス講話』を読んだ。

これらの書によって私は、アウグスティヌスにとって告白とは、神の前にありのままの自分をさらけだすことであるだけでなく、かたちを変えた神への讃美であることを知った。

ここでいう讃美とは、全身全霊を賭した信頼の表現にほかならない。人は神をほめたたえる言葉を発するだけでなく、神を深く信頼し、嘆きの言葉を発することによってさえも讃美できるのである。

かたちだけでの讃美ではなく、実存的な讃美は、しばしば、人生の苦難のときに実現する。

『告白』には、ある書物との出会いをめぐる有名な個所がある。若きアウグスティヌスが自らの内なる罪深さの自覚に苦しみ、進むべき道を見失っていたとき、どこからともなくそれを「とれ、よめ」という声がする。そのとき彼は『新約聖書』を手にし、パウロの「ローマの人々への手紙」の一節を読み、決定的な回心を経験するのである。

「いったい、いつまで、いつまで、あした、また、あしたなのでしょう。どうして、いま、でないのでしょう。なぜ、いまこのときに、醜い私が終わらないのでしょう」

私はこういいながら、心を打ち砕かれ、ひどく苦い悔恨の涙にくれて泣いていました。すると、どうでしょう。隣の家から、くりかえしうたうような調子で、少年か少女か知りませんが、「とれ、よめ。とれ、よめ」という声が聞こえてきたのです。

（アウグスティヌス『告白』山田晶訳、中公文庫）

「いったい、いつまで、いつまで」という言葉をアウグスティヌスは口に出していったのかもしれない。だが私は、もし誰かが傍らにいてもその声を聞くことはなかったのではないかと思っている。

これは、声となった嘆きではなく、声にならない、うめきの言葉だったのではないだろうか。「ローマの人々への手紙」には、「わたしたちはどのように祈るべきかを知りませんが、霊ご自身が、言葉に表せない呻きを通して、わたしたちのために執りなしてくださるのです」（8・26）という一節もあるからである。

このとき以来、『告白』は私の人生の一冊になった。もっとも多く読み返した本だというわけではないが、困難にあるとき、ここに立ち戻ることで、もう一度立ち上がることができるような「たましい」の休息所のような書物になった。

今も苦しみは、前ぶれなく私の人生を訪れる。その嵐の渦中《かちゅう》にあるとき私は、「いったい、いつまで、いつまで、あした、また、あしたなのでしょう。どうして、いま、でないのでしょう。なぜ、いまこのときに、醜い私が終わらないのでしょう」というアウグスティヌスのうめきの祈りを思い出し、私のみじめな讃美を神に捧げるのである。

未完の代表作

詩歌という言葉があるように——もともとは漢詩と和歌を意味したのだが——、ここでは現代詩も、『万葉集』以来の和歌の血脈を継ぐ詩情の表現だと考えることにする。

いつの時代も詩歌はその底に挽歌《ばんか》の精神を宿している。挽歌とは、亡き者たちへ贈る詩情の言葉であり、祈りでもある。

「挽」は「挽《ひ》く」という意味だが、ここで挽くのはもちろん、荷車に乗せた亡き者のからだである。挽歌とは、亡き者を埋葬する際に歌われた歌というよりも、そのときの言葉にならない悲しみを映しとったものである。

挽歌は、ある人が亡くなり、ある時間を経てから生まれることがある。うめきが言葉になるまでに、短くない時間を必要とするのは珍しいことではない。挽歌、悲《ひ》歌《か》、哀歌《あいか》など呼び名はさまざまだが、その底を流れているのが、終わりなき「かなしみ」であることは変わらない。

「かなしみ」にはさまざまな姿があることは、これまでにも書いてきた。「悲しみ」が深まり「愛しみ」になるというより、もともと「愛しみ」のなかに「悲しみ」が生起しているのだという九鬼周造の言葉にもふれた。そうした意味で挽歌は、悲歌、哀歌であるだけでなく、愛歌だといってもよいのだろう。

現代詩も、あるときまでは挽歌の精神を色濃く宿していた。「かなしみ」と「うめき」がなければ宮澤賢治の『心象スケッチ　春と修羅』は生まれなかっただろう。

私たちが悼《いた》むのは、身近な人々とは限らない。詩人にとって「かなしみ」はしばしば自己の感情ではなく、訪れる者として経験される。中原中也が『山羊《やぎ》の歌』で「愁しい」と書くとき、そこに現出しているのは、生身の親しさを超えた哀愁にほかならない。中也がいう「愁しみ」を西行が詠むと次のような一首になる。

何事の　おはしますをば　知らねども　かたじけなさに　涙こぼる丶

（『西行全歌集』久保田淳・吉野朋美校注、岩波文庫）

「太神宮御祭日よめるとあり」という言葉が添えられているように、伊勢神宮の内宮を参拝したとき、あまりの畏怖の念に歓喜の涙がこぼれた、というのである。このとき西行が感じたのは神々の臨在だったのかもしれないが、そこには彼と所縁《ゆかり》の深かった死者たちのはたらきもあったようにも思われる。

この歌が、西行の実作かどうかは、疑義が残るという説がある。だがここではそのこともあまり問題ではない。たとえ、この歌を詠んだのが西行ではなかったとしても、不可視な隣人とともに生きている日常に言葉にできない謝意を感じ、胸に見えない涙をこぼした一人の人間がいれば十分である。

同質のことは現代でも起こっている。誰かに読まれるから書くのではなく、亡き者にむかって言葉を送ることを生活の主軸とし、没後に代表作を残した人物がある。茨木のり子である。

生前は、詩集『歳月』の存在を知る者はいなかった。没後、親族がそれを見つけたのである。この遺稿が紙製の書類入れのようなものに入っているのを見たことがある。彼女が暮らしていた家を訪れたとき、遺族の方がそっと見せてくださった。『歳月』という表題も茨木が決めたのではない。草稿の入った箱には「Y」とだけ記されていた。「Y」は、彼女の伴侶である三浦安信の頭文字である。

この詩集に収められた言葉はすべて、彼に捧げられたもの、亡き夫へ呼びかけた挽歌であり、悲歌であり、哀歌でもある。

夫が亡くなったのは、一九七五年、彼女が四十九歳になる年だった。茨木が亡くなったのは二〇〇六年、八十歳、三十一年間のおもいを彼女はこの一冊のなかに注ぎ込んだ。そこには「占領」と題する次のような作品がある。

姿がかき消えたら

それで終り　ピリオド！
とひとびとは思っているらしい
ああおかしい　なんという鈍さ

みんなには見えないらしいのです
わたくしのかたわらに　あなたがいて
前よりも　烈しく
占領されてしまっているのが

（茨木のり子『歳月』花神社）

「見る」という言葉――より精確には「見ゆ《まみ》」という古語――は、現代で考えられているような、肉眼で何かを目視することではなかった。目に見えない存在、神々や精霊、死者の存在を感じることを意味した。

「みんなには見えない」という否定の表現は、私には「見える」という言葉をはるかに超える実感をもたらす。茨木も、亡き人の姿を見たのではない。だが、目で見ることだけが実在を確かめる方法ではないことを彼女は知っていたのである。

人は他者にいろんなものを贈ることができる。だが、死者という他者に贈り得るのは、言葉であり、おもいである。この詩集はこの上なく美しい、朽ちることのない言葉の花束だといってよい。

この詩集を味わうのもよい。しかし、私たちの前にも同質のことを試みる道は開かれている。

読むだけではもったいない。目には見えない読み手に向かって真摯に言葉をつむぐ。そのとき文字の奥に、言語を超え、強靭《きょうじん》なちからを宿した、コトバの世界が切り拓《ひら》かれるのは、けっして稀有なことではないのである。

わたしの古典――あとがきに代えて

コロナ危機のなか、何ものかに促されるように『論語』をはじめとした儒学の本を読み始めた。

『論語』を愛読していなくても、「子曰《いわ》く」という一節がこの本に由来していて、「子」が徳のある男性の尊称で、この本では孔子（紀元前五五一～紀元前四七九）を指すことは、多くの人が知っている。

「子曰わく、学びて時に之《こ》れを習う、亦《ま》た説《よろこ》ばしからず乎《や》。朋《とも》有《あ》り遠方より来たる、亦た楽しからず乎」。（吉川幸次郎『論語』）をはじめ、いくつかの言葉は教科書にも掲載されているから実際にふれた経験がある人も多いだろう。

しかし、愛読というに至る人はそれに比べると少なくなる。『論語』ほどの古典であっても、その言葉は知識にはなるが、実生活にはなかなか入ってこない。「論語読みの論語知らず」ということわざもある。

あるときまで私もそうだった。書架にもあり、必要があって、時折、参照することはあっても愛読書にはならない。だが、あることを契機として、この本との付き合い方がまったく変わった。『論語』を「知った」などというつもりはない。しかし、今、この本は「わたしの古典」のかけがえのない一冊になっている。

しばらく前のことである。悲哀の底をなめなくてはならないような出来事があった。誰にすすめられたわけでもなく『論語』を手に取り、ある一節に出会うのである。このとき目にしたのは、愛弟子が亡くなったとき、周囲の目を気にすることなく、全身で悲しむ孔子の姿だった。弟子の名前は顔淵《がんえん》という。

顔淵死す。子曰わく、噫《い》。天、予《わ》れを喪《ほろぼ》せり。天、予れを喪せり。

（前掲書）

「噫」は、言葉なき嘆息の様子がそのまま記されているものだ、と吉川幸次郎は書いている。全体を意訳すると次のようになる。

「顔淵が亡くなったとき、先生はいわれた。ああ、天は、顔淵だけでなく、私を喪したのだ、私を喪したのだ」。振り返ってみると、このことはやはり私を救ったのだと思う。そうした記憶がコロナ危機のときによみがえってきたのかもしれない。

危機のときも決して動じない平常心を持たねばならない、そんな空気が私たちを包み込んではいないだろうか。こうした感情の抑圧は、ときに人間の心を強く苛《さいな》む。そして不必要に強がる者を生み、弱き者を裁く風潮が広がる温床になっていく。

だが、孔子はそうした人物ではなかった。この賢者は、人一倍大きく悲しみ、その心情を隠そうとしない。むしろ、悲しむことこそが亡き者への供物であることを知っている。

この言葉に出会い私は、人は悲しみを愛《いつく》しんでよいことを知り、しばらくして「愛しい」は「いとしい」だけでなく「かなしい」と読むことを知った。悲しみは形を変えた情愛の発見にほかならない。

来年には、孔子が亡くなって二千五百年目を迎える。孔子の言葉は同時代の為政者たちには、ほとんど受け入れられず、ある意味で彼は失意の生涯を送った。しかし、残されたその言葉は時代と文化の枠を超え、読み継がれている。

孔子が語ったのは、世間を眺め、語るだけでなく、まず、己れをよく見つめなくてはならない、ということだった。孔子の言葉はまったく古びていない。

＊

今から思うと若いときの読書は好奇心に連なるものだった。多くのことを知ることが目的だった。そして、多く知っていることをどこか誇るようなところがあった。

だが、自分の問いに出会うことで次第に探求心が芽生えてくる。多く知るのではなく、知り尽くすことができなかったとしても、たしかなものに出会いたいと感じるようになった。

そして、さらに年齢を重ねて、自分の可能性が狭まっていくにつれて探求心は、探究心へと姿を変えた。求めるべきものが何かはおぼろげながらに分かってきた。幅を広げることよりも今取り組んでいるものを究めてみたいと思っている。

この本は、好奇心を探求心に、さらには探求心を探究心に変貌させ得るかを己れに問いつつ、見究めてみようとした軌跡だったのではないかと、「あとがきに代えて」を書きながら感じている。

本書も編集は内藤寛さん、組版はたけなみゆうこさん、校正は牟田都子さん、装丁は矢萩多聞さんに担当してもらうことができた。

書き手は書物が生まれるに至る、ある一工程を担当するにすぎない。このことは本を世に送るたびごとに強く痛感している。信頼できる仲間たちとの深いつながりのなかで仕事をする、これ以上のよろこびはない。この場を借りて、心からの謝意を送りたい。

二〇一四年から「読むと書く」という講座を行っている。これまで千人を超える人たちと古典、新古典を読みながら、言葉をめぐる思索を深めてきた。この本は、こうした学びの成果でもある。講座を運営してくれている仲間たち、そして参加して下さっている皆さんにも衷心からの感謝をささげたい。

勤務校の未来の人類研究センターの同僚たちにも謝意を送りたい。大学という場所で出会う多くの言葉は、私にはしばしば、生ける意味を失った記号と化しているように感じられる。そうしたとき、暖を取ろうと火に向かい、氷をつかまされるような感触を覚えることもある。だが、この仲間たちといるときにだけ私は、言葉は人の心と心を結ぶものであることを確かめることができる。

この本にもし、よき言葉があるとすれば、それは書き手から出たのではなく、こうした人たちとの時間のなかで育まれたものであることは事実として書き記しておきたい。

二〇二〇年十一月

若松　英輔

ブックリスト

本書で引用した文献を一覧にしてみました。なかには、図書館や古書でなくては手に取ることができないものもありますが、その多くは入手可能なものです。引用文で何か心に響くものがあれば、ぜひ、原典を手に取ってみてください。（若松英輔）

柳宗悦

『民藝四十年』（岩波文庫）

九鬼周造

『「いき」の構造 他二篇』（岩波文庫）

井上洋治

『余白の旅 思索のあと』（『井上洋治著作選集』2、日本キリスト教団出版局）

『日本とイエスの顔』（『井上洋治著作選集』1、日本キリスト教団出版局）

遠藤周作

「影に対して」（『三田文學』二〇二〇年夏季号）

河合隼雄

『影の現象学』（講談社学術文庫）

『物語とふしぎ』（岩波現代文庫）

マイスター・エックハルト

『エックハルト説教集』田島照久編訳（岩波文庫）

シモーヌ・ヴェイユ

『神を待ちのぞむ』田辺保・杉山毅訳（勁草書房）

『重力と恩寵』田辺保訳（ちくま学芸文庫）

須賀敦子

『コルシア書店の仲間たち』（文春文庫／河出文庫）

『ミラノ 霧の風景』（白水社／河出文庫）

教皇フランシスコ

『すべてのいのちを守るため　教皇フランシスコ訪日講話集』（カトリック中央協議会）

池田晶子

『14歳からの哲学』（トランスビュー）

『あたりまえなことばかり』（トランスビュー）

『新版 古今和歌集 現代語訳付き』高田祐彦訳注（角川ソフィア文庫）

大岡信

『折々のうた』（岩波新書）

『平家物語』梶原正昭・山下宏明校注（岩波文庫）

セネカ

『生の短さについて 他二篇』大西英文訳（岩波文庫）

山田準

『陽明学講話』（明徳出版社）

王陽明

『伝習録』山田準／鈴木直治訳註（岩波文庫）

『伝習録』溝口雄三訳（中公クラシックス）

ヴィクトール・フランクル

『夜と霧 新版』池田香代子訳（みすず書房）

デカルト

『方法序説』谷川多佳子訳（岩波文庫）

タゴール

『ギタンジャリ』森本達雄訳註（レグルス文庫）

ユング

『ユング自伝 1・2』河合隼雄・藤縄昭・出井淑子訳（みすず書房）

リルケ

『ドゥイノの悲歌』手塚富雄訳（岩波文庫）

マルクス・アウレリウス

『自省録』神谷美恵子訳（岩波文庫）

宮澤賢治

『新編 宮沢賢治詩集』（新潮文庫）

ウィリアム・ブレイク

「ブレークの言葉」柳宗悦訳『柳宗悦全集　第五巻』（筑摩書房）

キャスリーン・レイン

『ブレイクと古代』吉村正和訳（平凡社）

道元

『正法眼蔵』水野弥穂子校注（岩波文庫）

アンデルセン

「マッチ売りの少女」大久保ゆう訳（青空文庫）

上原專祿

『クレタの壺』『上原專祿著作集17』（評論社）

アウグスティヌス

『告白』山田晶訳（中公文庫）

西行

『西行全歌集』久保田淳・吉野朋美校注（岩波文庫）

茨木のり子

『歳月』（花神社）

孔子／吉川幸次郎

『論語』（角川ソフィア文庫）

初出

余白の言葉——毎日新聞 二〇二〇年七月十八日朝刊
遅れて届いた手紙——読売新聞 二〇二〇年八月二十九日夕刊
弱き勇者たちの軌跡——『青春と読書』二〇二〇年七月号
いのちを生きる——『御坊新聞』二〇二〇年三月号
真理のありか——『サンデー毎日』二〇一八年一月十四日号
たましいの糧——『東京人』二〇二〇年八月号
読めない本と時の神——『週刊朝日』二〇一八年八月十七日、二十四日合併号
十読は一写に如かず——『JAPONisme』vol.25 夏秋合併号
内なる世界への道標——『すばる』二〇二〇年一月号
未完の代表作——『サンデー毎日』二〇一八年一月十四日号
わたしの古典——新潟日報 二〇二〇年十一月一日

ここに特に記載のないものは本書のための書き下ろしである。
なお、右記のものも、本書の掲載に際して、大幅に改稿した。

若松英輔（わかまつ・えいすけ）

一九六八年新潟県生まれ。批評家、随筆家、東京工業大学リベラルアーツ研究教育院教授。慶應義塾大学文学部仏文科卒業。二〇〇七年「越知保夫とその時代 求道の文学」にて第十四回三田文学新人賞評論部門当選、二〇一六年『叡知の詩学 小林秀雄と井筒俊彦』（慶應義塾大学出版会）にて第二回西脇順三郎学術賞受賞、二〇一八年『詩集 見えない涙』（亜紀書房）にて第三十三回詩歌文学館賞詩部門受賞、『小林秀雄 美しい花』（文藝春秋）にて第十六回角川財団学芸賞、二〇一九年に第十六回蓮如賞受賞。

著書に『イエス伝』（中央公論新社）、『魂にふれる 大震災と、生きている死者』（トランスビュー）、『生きる哲学』（文春新書）、『霊性の哲学』（角川選書）、『悲しみの秘義』（ナナロク社、文春文庫）、『内村鑑三 悲しみの使徒』（岩波新書）、『詩集 愛について』『常世の花 石牟礼道子』『本を読めなくなった人のための読書論』『弱さのちから』（以上、亜紀書房）、『詩と出会う 詩と生きる』『14歳の教室 どう読みどう生きるか』（以上、NHK出版）、『霧の彼方 須賀敦子』（集英社）など多数。

読書のちから

2020年12月10日　初版第1刷発行
2021年2月5日　　　第2刷発行

著者　若松英輔

発行者　株式会社亜紀書房
〒101-0051 東京都千代田区神田神保町1-32
電話 (03)5280-0261　振替 00100-9-144037
http://www.akishobo.com

装丁　矢萩多聞

DTP　コトモモ社

印刷・製本　株式会社トライ
http://www.try-sky.com

Printed in Japan

若松英輔の本

本を読めなくなった人のための読書論
一二〇〇円＋税

生きていくうえで、かけがえのないこと
一三〇〇円＋税

言葉の贈り物
一五〇〇円＋税

言葉の羅針盤
一五〇〇円＋税

詩集　たましいの世話　一八〇〇円＋税

いのちの巡礼者——教皇フランシスコの祈り　一三〇〇円＋税

詩集　愛について　一八〇〇円＋税

弱さのちから　一三〇〇円＋税

不滅の哲学　池田晶子　一七〇〇円＋税